Autodisciplina: Camino secreto al éxito

¿Postpones tareas? Olvídate de proyectos inconclusos, adopta los métodos más innovadores y conquista tu fuerza de voluntad. Aun siendo un flojo sin remedio

Tabla de Contenidos

INTRODUCCIÓN 5
CAPÍTULO 1 - DESHACERSE DE LOS MALOS HÁBITOS AHORA 12
    Seis maneras seguras de dejar los malos hábitos 13
    Tres pasos esenciales para derrotar la pereza 20
    Cómo dejar de postergar ahora 23
    Las 5 reglas de la autodisciplina 26
CAPÍTULO 2 - DESARROLLAR UNA MENTALIDAD DE AUTODISCIPLINA 30
    Tres hábitos que construyen la autodisciplina 31
    Cuatro prácticas esenciales para encender una fuerza de voluntad fuerte 35
    Tres técnicas para fortalecer tu autocontrol 42
    Cinco trucos psicológicos para impulsar la autodisciplina 47
CAPÍTULO 3 - LOS SECRETOS PARA ESTABLECER METAS 54
    Cómo crear objetivos SMART para un mejor rendimiento 55
    Cómo definir metas DURAS para mejor rendimiento 61
    Los secretos para convertir tus metas en pasos alcanzables 67
    Cómo recompensarte por el progreso 72
    Cuatro maneras de crear un entorno favorable para los objetivos 77
CAPÍTULO 4: TÉCNICAS PARA AUMENTAR LOS RESULTADOS 82
    Transforma tu vida con el método de hacer las cosas (GTD) ... 82
    Lograr más con la técnica pomodoro 89
    Cuatros hábitos productivos del método "de Zen ha hecho" 95
    La técnica de consistencia de no romper la cadena" 100

Cuatro claves respaldadas por la ciencia para aumentar la productividad 103

CAPÍTULO 5 - PLANIFICACIÓN PARA EL ÉXITO DIARIO 109

Seis rutinas matutinas para comenzar el día de la mejor manera 109

Cuatro rutinas nocturnas para terminar el día a la perfección 116

Consume estos 3 alimentos para tener un cerebro productivo 124

Quince afirmaciones diarias para aprender la autodisciplina cerebral 130

CONCLUSIÓN 135

INTRODUCCIÓN

¿Has retrasado tu "gran" proyecto solo para engañarte a ti mismo de que lo harás cuando estés listo, pero ese momento nunca llega? ¿Has caído en un bucle de pereza y no tienes ganas de hacer nada? ¿Empezaste a trabajar en el proyecto de tus sueños, solo para renunciar 2 o 3 días después? ¿Y qué si trataste de aprender un nuevo idioma como el español, pero lo dejaste después de las dos primeras lecciones porque la gramática es agotadora? ¿Alguna vez has soñado con aprender a tocar la guitarra, pero una vez que te sentaste durante las clases, te diste cuenta de que los acordes eran demasiado difíciles y abandonaste? ¡Todos hemos pasado por eso!

El secreto para apegarse a las tareas que no tenemos ganas de hacer es la autodisciplina. Todo el mundo te dirá que desarrolles la autodisciplina; pero ¿cómo desarrollas realmente la autodisciplina a un nivel atómico que te permita superar cada tentación que se presenta en tu vida diaria? ¿El tipo de autodisciplina que te permite crear proyectos de un millón de dólares, cumplir con tus tareas diarias y hacer el s%*t? El secreto de la autodisciplina atómica se te revela en este libro. Te espera un viaje.

Este libro te enseñará cómo manejar la parte más difícil de la naturaleza humana: los impulsos biológicos. Los impulsos biológicos trabajan en tu contra. Todos los humanos se engañan a sí mismos intentando creer que manejan sus pensamientos. Sin embargo, ¿has considerado que tus pensamientos no sean realmente tuyos? Presta atención a lo que haces en vez de a lo que piensas. ¿Alguna vez has pensado que deberías ponerte en forma y comer brócoli en vez de pizza, pero te encontraste ordenando pizza a medianoche? Esto no es culpa tuya, sino de tu programación biológica. Tu biología está programada para responder al placer inmediato: comida, sexo, sueño, entretenimiento. Los impulsos biológicos son poderosos, y no pueden superarse fácilmente. Los impulsos biológicos dirigen la naturaleza; si la observamos en su forma más pura, veremos que todos los animales intentan, esencialmente, gastar energía o reproducirse. Los mismos impulsos biológicos que nos empujan y engrandecen la vida también pueden destruirnos. Esta es la razón por la cual la autodisciplina es la clave para superar nuestra programación biológica.

Las 5 grandes revelaciones de la autodisciplina

Apocalipsis #1: tú eres tú peor enemigo. No hay fuerzas externas que te controlen, y nadie se interpuso en tu camino. Tú mismo creaste todos los obstáculos. Acepta que todo lo que postergas, la falta de foco, los proyectos fallidos y fechas límites no cumplidas son el resultado de tu propia falta de autodisciplina.

El primer paso para desarrollar la autodisciplina es aceptar que estás en una lucha contigo mismo. La autodisciplina es el arte de superar los propios impulsos biológicos. Una vez que una persona atraviesa su obstáculo principal, es decir sus impulsos biológicos, puede vencer toda demora, falta de concentración y pereza.

Revelación #2: la evolución humana trabaja en tu contra. Millones de años de evolución han conectado nuestros cuerpos y cerebros para que actúen de manera animal, por lo que tu naturaleza no funciona a tu mayor interés. Esencialmente, estamos preparados para obtener el mayor valor a cambio de la menor cantidad de esfuerzo. Para revertir nuestra programación biológica, tenemos que entrenar nuestro cerebro: tenemos que maximizar la producción y minimizar el valor que buscamos a cambio.

Una vez que el cerebro de una persona es reprogramado para esforzarse por resultados en lugar de buscar la siguiente cosa que consumir, su productividad aumenta y esto nos ayuda a alcanzar todas nuestras metas. El cuerpo humano no es solo un reflejo de que dos padres tienen un hijo, sino también una continuación de millones de años de evolución que hay que luchar para deshacer. El cerebro es como un caballo: si lo dejas conducir solo, te llevará al borde de un acantilado. Si lo diriges bien, te llevará a tu destino. Es por eso por lo que la autodisciplina es la clave para superar nuestra evolución, y aprender a utilizarla para nuestro propio beneficio.

Apocalipsis #3: nunca es fácil. La autodisciplina es una lucha diaria. Incluso después de años de entrenarte a sí mismo y reconfigurar tu cerebro, lucharás con la disciplina diariamente. Esto se debe a que no te puedes deshacer de millones de años de evolución. Tu cuerpo fue programado para operar de cierta manera; solo puedes aceptar que estarás aquí por un largo tiempo. Invertir la evolución es más fácil de decir que de hacer, y es una lucha diaria. Incluso después de años de autodisciplina y ejercicio, las personas seguirán teniendo una lucha diaria consigo mismas; pero la principal diferencia es que la lucha se hace mucho más fácil.

Consejo profesional: los resultados se producen en pequeñas cantidades diarias. Las películas nos han influenciado para esperar el gran momento de motivación y, de repente, volvernos superhombres. Pero en realidad las tareas se realizan con enfoque e ímpetu. Una vez que una persona reprograma su cerebro para realizar las tareas diarias, el trabajo se vuelve una brisa.

Revelación #4: la autodisciplina crea impulso. La gente pasa por bucles de alta motivación y/o alto tiempo de inactividad o resistencia al trabajo. Ambas cosas crean impulso. Si una persona está tratando de perder peso haciendo *footing*, los primeros días pueden ser difíciles, pero una vez que han pasado los primeros 2 o 3 días, acumulan impulso y se vuelve mucho más fácil.

Lo mismo se aplica al trabajo: una vez que una persona "entra en calor" en el trabajo después de tener un día muy productivo, puede repetir ese comportamiento el día siguiente. Para tener éxito, tienes que cabalgar sobre las olas del impulso; y una vez que empieces, tienes que crear el momento. Cada acción crea un impulso: si eres perezoso, obtendrás impulsos de pereza y no harás nada. Por el contrario, si eres productivo, creas impulsos de más productividad. Esto se refleja en una escala mucho mayor. Por ejemplo, los países que se enriquecen tienden a enriquecerse más, mientras que los países en desarrollo tienden a permanecer en un círculo de pobreza.

Revelación #5: tu cerebro puede ser reprogramado para la autodisciplina. Cada acción "programa" tu cerebro para que la acepte como un nuevo hábito, y esto se aplica tanto a los malos como a los buenos hábitos. Si una persona comienza a fumar, su sistema inmunológico rechazará la nicotina, pero solo temporalmente; después de un tiempo, el cerebro se programará para aceptarlo y empezará a ansiar la sustancia, lo que crea una adicción, porque el cerebro se programó como el de un fumador, incluso si nunca había fumado un cigarrillo en su vida.

El cerebro también puede ser reprogramado a para adquirir buenos hábitos. Una vez que el cerebro se ve obligado a aceptar un nuevo hábito, encuentra un millón de maneras de hacerlo. ¿Alguna vez tu jefe te ha amenazado con despedirte si no completabas una tarea a tiempo? Bajo presión, el cerebro puede encontrar un millón de maneras de completar una tarea. Una vez que se ve forzado a hacer algo, comienza a reprogramarse, y te permite hacer las tareas que deseas. El cerebro puede ser reprogramado para realizar los proyectos a tiempo, concentrarse en tareas difíciles, evitar la tentación y rendir al máximo. Esto es lo que te enseñará este libro.

¿Cómo consigo motivación para empezar ahora mismo?

¿Todavía estás postergando tu proyecto de vida? ¿Sientes que no estás listo y quieres empezarlo en un año o en cinco? Empezar ahora es la clave para lograrlo, como dice el comercial de Nike, " *Just do it* (solo hazlo)" .

Clave para la vida: la clave para superar toda retraso es un simple cambio de mentalidad. Recuerda la frase: "*estás ahí cuando lo haces*". No hay un momento mágico futuro en el que estés "listo" para empezar un negocio, tener hijos, dejar de postergar, comprar una casa o Bitcoin, o cumplir con las tareas difíciles. Sin embargo, una vez que haces estas cosas simples, ¡ inmediatamente entras en la línea de meta! Cuando vendes tu primer producto, estás en el negocio. Cuando sales a correr, tienes éxito en la preparación física.

La premisa es que no tienes que mentirte a ti mismo estableciendo un punto de partida arbitrario en el futuro, cuando puedes cambiar la fecha a ahora mismo. Lo único que te detiene es tu propio permiso. Date permiso para empezar ahora, y ya estarás en la línea de meta. Alcanzar tus metas es tan simple como darse cuenta de que lo logras una vez que tomas acción, ¡no cuando llega el momento! ¿Tomarás acción o vas a seguir esperando?

CAPÍTULO 1 - Deshacerse de los malos hábitos ahora

¿Está luchando con el tabaco, tirándote del pelo, comiendo mal o durmiendo demasiado? Si tus problemas son simples y se reducen a un solo mal hábito, puedes resolverlo desarraigándolo.

Los hábitos son acciones que hacemos repetidamente. Una vez que una persona repite una determinada acción varias veces, se convierte en un hábito. Cuando se repite un hábito por períodos más largos, como meses o años, se convierte en parte de la identidad. Muchas veces, la gente no puede recordar cómo era su vida antes de incorporar esos malos hábitos a su propia identidad.

Los hábitos pueden ser buenos o malos. Un buen hábito es levantarse temprano por la mañana, o trabajar duro, comer moderadamente, meditar. Un mal hábito es despertarse tarde, consumir sustancias que no necesitas, hacerse daño a sí mismo o participar en actividades que te quitan calidad de vida.

Para ser eficaces en la eliminación de los malos hábitos, tenemos que tirar de ellos como si fueran malas hierbas, agarrando la raíz y removiéndola de la tierra. No queremos tirar de la parte superior, dándole la oportunidad de volver a crecer. Todos los hábitos pueden ser completamente erradicados cambiando tu identidad y recompensándote con cada hito. Este capítulo se centra en el cambio de identidad que una persona tiene que hacer para dejar los malos hábitos atrás.

Seis maneras seguras de dejar los malos hábitos

1) Crear una nueva identidad

Para erradicar un mal hábito, tienes que hacer una cosa importante: crear una nueva identidad para ti mismo. Si no creas una nueva identidad y te aferras a la que tienes ahora, estarás propenso a recaer y repetir los mismos errores. Los fumadores que quieren dejar de fumar casi nunca crean una identidad de no fumador; solo se imaginan a sí mismos como fumadores que "dejaron" de fumar. Han fumado durante años, y asocian cada momento de la vida con el tabaquismo: pausas para tomar café, pausas de trabajo, reuniones de amigos, fiestas, viajes, etc.

Sin embargo, tienen que aprovechar la parte de su cerebro que recuerda cómo solía ser como un no fumador; necesitan volver a cuando eran más jóvenes, ya que la mayoría de la gente comienza a fumar en la adolescencia. ¿Recuerdas cuando no necesitabas un cigarrillo por la mañana, cuando una taza de café alcanzaba, y no te sentías tentado al ver a otros fumando? Eso fue hace mucho tiempo, cuando no todavía no habías asumido la identidad de un fumador. Ahora que la has tomado, lógicamente te resulta difícil dejar de fumar.

Los malos hábitos se eliminan, básicamente, volviendo el tiempo atrás y volviendo a la época en la que no se los había adquirido. Si no lo recuerdas, necesitas crear una nueva identidad que te separe de la antigua, ya que está asociada estos errores.

Los malos hábitos destruyen vidas: el alcohol, las apuestas, fumar, las drogas, y la comida chatarra, por ejemplo. La gente sabe que lo que está haciendo no es bueno, pero esa información no sirve de nada: el hábito es demasiado fuerte y vuelven a caer en los mismos patrones de comportamiento. Para no caer en estos comportamientos repetitivos, tienen que dar un paso atrás y crear una ANTIIDENTIDAD a su identidad actual. La anti-identidad es un método para tomar la identidad actual y vivir bajo los principios opuestos. Si eres fumador, asume la identidad de un NO FUMADOR. Si eres jugador, toma la identidad de un ANTIJUGADOR. Si eres un alcohólico, toma la identidad de una persona SOBRIA.

Consejo: no tienes que "odiar" tu hábito anterior. Muchas personas crean energía negativa y odio contra sus hábitos anteriores para hacerle frente a la nueva identidad. Sin embargo, si realmente asumes tu nueva anti-identidad, puedes "desprenderte" de tu hábito anterior completamente y sin carga emocional. Incluso años después de haber dejado el mal hábito, es posible que aún te sigas tentando. Pero la diferencia es que estarás tentado al mismo nivel que una persona que nunca fue adicta a ese mal hábito. Esto significa que tendrás a tu tentación controlada.

2) Planificar acciones futuras

Para crear una nueva identidad, debes tener una visión positiva de tu futuro, que te permita tomar las medidas necesarias para dejar esos malos hábitos. Si tienes una mentalidad positiva, es más probable que tengas éxito. ¿Cómo se consigue una mentalidad positiva? Piensa en los beneficios que obtendrás si abandonas el mal hábito; piensa en cómo será tu vida diaria.

Consejo profesional: piensa en cómo será tu vida diaria, y escribe tu día ideal en un trozo de papel. Escribe dónde te despertarías, qué harías por la mañana, cómo vivirías. Créate una imagen visual en tu cabeza de cómo se supone que debería ser tu nueva vida.

La visualización de tu nueva identidad tiene sus ventajas: si eres fumador, obtendrás muchos beneficios de tu futura identidad de no fumador. Respirarás más fácilmente, estarás más sano, tu aliento no olerá mal, no gastarás dinero en cigarrillos, no estarás a merced de la adicción a la nicotina, etc. Los malos hábitos probablemente crean más efectos negativos que positivos en tu vida; si quieres, puedes hacer un gráfico y comparar los positivos provenientes de tu mal hábito (el valor emocional que te da) con los negativos. Si los negativos superan a los positivos, ¡abandona el hábito!

3) Resistencia al empuje

Esta es la parte más difícil de dejar un hábito: la resistencia inicial. Cuando dejas un mal hábito, como una adicción a las sustancias, tu cuerpo entrará en "abstinencia", y tendrá antojos de dicha sustancia. Aquí es cuando eres más vulnerable a una recaída. Las personas que dejan de fumar por un tiempo pueden durar una semana completa; pero después de cuatro semanas o más, pueden recaer, porque están constantemente tentados por fuerzas externas. Por ejemplo, un fumador puede ver a sus amigos fumando o un comercial de gente disfrutando de los cigarrillos, pero tiene que luchar contra la resistencia que, durante el primer mes, requiere de mucha fuerza de voluntad.

Una vez que una persona ha dejado un mal hábito por más de un mes, puede comenzar a asumir una nueva identidad. El primer mes es la prueba real de su resistencia, y la tentación será más fuerte. Espera. Si una persona puede pasar un mes entero sin un mal hábito, probablemente creará una nueva identidad y la mantendrá por el resto de su vida. Debes impulsarte con esa resistencia; recuerda que los aspectos negativos del hábito superan con creces a los positivos; esto debería ser suficiente para evitar que recaigas en ellos.

4) Reemplazar los malos hábitos

Si te tienes que obligar a resistir, ¡aún no has terminado! Todavía tienes un hábito por reemplazar.

Consejo profesional: la gente piensa que su "fuerza de voluntad" crea buenos hábitos, pero los buenos hábitos se crean reemplazando los malos hábitos por otros nuevos. En lugar de darle una adicción a tu cuerpo, dale algo que no desee. Esto lo estimulará de la misma manera, pero el efecto en él no será negativo.

La mejor manera de reemplazar un mal hábito es crear uno de reemplazo que sea bueno para el cuerpo. Muchas adicciones son difíciles de eliminar porque proporcionan un alto nivel de estímulo para los nervios y el cerebro que vuelven imposible dejarlo. Para reemplazar esos hábitos, tienes que sacudir a tu cuerpo con estímulos iguales, pero positivos.

Por ejemplo, muchas personas que dejaron de fumar dicen que lo hicieron dándose duchas frías. ¿No te lo crees? Las duchas que duran de tres a cinco minutos con agua helada pueden afectar severamente el sistema nervioso, a tal grado que la persona, literalmente, no siente ninguna necesidad de nicotina en absoluto: el cuerpo ya ha tenido su dosis de estimulación.

Muchos drogadictos dejan de fumar solo haciendo ejercicio o duchándose con agua fría. Esto es más fácil decirlo que hacerlo, porque para una ducha fría, hace falta acostumbrarse. Primero tienes que frotar el frío del agua con una mano, para que no sumergirte directamente en él. Una vez que te acostumbres, puedes optar por duchas cada vez más frías. El frío te hará temblar y sacudirá todo tu sistema nervioso. Esto ayuda con todas las adicciones a sustancias, como la nicotina, el alcohol e incluso la heroína.

Los malos hábitos más pequeños, como morderse las uñas y retorcerse el cabello, pueden reemplazarse con una pelota antiestrés, que se pueda apretar y rascar o jugar. Esto mantendrá las manos alejadas de la boca y el cabello, y te permitirá obtener la estimulación que busca el cuerpo sin dañarlo.

5) Recompénsate a si mismo

Recompensarte a sí mismo no es una táctica para sentirse bien; no es algo que se hace para celebrar, sino para volver a programar el cerebro y saber que las acciones que se están llevando a cabo son buenas. Si estás sufriendo todo el tiempo, si tu adicción te está comiendo vivo por la abstinencia, debes recompensarte gradualmente para no quemarte. Recompensarse a sí mismo es por el objetivo: cuando hayas durado unos días o unas semanas sin recaer en un mal hábito, ya será hora de darse un capricho. Debes soportar el sufrimiento, y terminar tratándote a ti mismo con algo que disfrutes.

Consejo profesional: regálate unas vacaciones, si ya has dejado un mal hábito. Reserva un vuelo a una ciudad que no conozcas o a la playa, y pasa unos días recordando lo bien que lo hiciste. Esto reafirmará tu nueva identidad, y evitará que vuelvas a caer en esos viejos hábitos.

Si sufres sin parar y nunca te recompensas, te quemarás. Hay que tratar al cerebro como a un animal; el caballo solo transporta personas y se deja azotar porque espera una comida al final del día. Si te prometes un regalo después de pasar cierta cantidad de días sin un mal hábito, el mecanismo de recompensa te mantendrá en marcha. Esto se relaciona con una mentalidad positiva.

6) Crear un plan de acción de hitos

Un plan a largo plazo se trata de mantener en el tiempo tu nueva identidad. Si creas nuevos hábitos para reemplazar los malos, debes mantenerlos hasta que la nueva identidad sea irreversible y parte de tu ser intrínseco.

La planificación a largo plazo te permitirá crear una nueva identidad y mantenerla. Piensa en tu hábito de reemplazo: si comenzaste con duchas frías para dejar una adicción, asigna una hora de la noche para repetirlas. Por ejemplo, tu estrategia a largo plazo podría ser ducharse a las 10 PM todas las noches: esto es todo lo que necesitarías para mantener alejado el mal hábito. En el momento en que inventas excusas o dejas el nuevo hábito, serás propenso a tener una recaída. La planificación de la resistencia a largo plazo consiste en encontrar un hábito de reemplazo y trabajar en él constantemente. Si logras un hito de 7 días, date una recompensa por ese ello. Para ser efectivo, debes asumir que tienes una nueva anti-identidad, que es lo opuesto a la identidad que creó los malos hábitos.

Tres pasos esenciales para derrotar la pereza

¿Tienes problemas para levantarte de la cama por la mañana para ir a trabajar? ¿Tienes dificultades para cumplir con los plazos de entrega de un proyecto? ¿Estás desempleado y te resulta difícil encontrar trabajo, o no tienes ganas de ir a las entrevistas? La pereza es un impedimento mental; puede destruir tu vida, porque el éxito se basa en lo opuesto: el trabajo y la productividad.

Para dejar de ser perezoso, tienes que cambiar de opinión. La pereza no puede tratarse a nivel superficial. Si tomas Adderall para enfocarte o ver videos motivacionales, solo durarás unos pocos días o semanas hasta que se te acabe la droga o empieces a sentir sus efectos secundarios. Entonces, tu motivación disminuirá de nuevo, y volverás a tus viejos hábitos. Esta es la razón por la que necesitas un cambio de identidad a largo plazo.

Para resolver la pereza, hay que ver qué la causa. Este es el lado más feo de la pereza; puedes ser perezoso porque te han sucedido cosas malas en el pasado, por ejemplo. Estos eventos/traumas pasados o crisis existenciales pueden haber creado en ti una baja autoestima y una mentalidad nihilista. Una vez que descubras cuál es la causa principal, puedes trabajar en ella para eliminarla. Los arreglos temporales, como las píldoras de prescripción, solo durarán un tiempo corto, y ni entrar en los aspectos negativos de estas píldoras y otros productos farmacéuticos "para focalizarnos".

1) Identificar la causa de la pereza

Para identificar la raíz de tu pereza, piensa en tu historia, en cuándo comenzaron tus malos hábitos. ¿Te has estancado después de haber sido despedido de un trabajo o de haber sufrido una separación amorosa? ¿Te has mudado a una nueva ciudad/país y tuviste dificultades para adaptarte al nuevo entorno? ¿Cuánto tiempo llevas "hundiéndote" en tus malos hábitos? Piensa en la época anterior, y en cómo eras. Esto creará una imagen clara del lugar al que necesitas volver. Simplemente tómate una semana libre para considerar esto, haz un pequeño viaje a la naturaleza y medita sobre tu comportamiento. Te darás cuenta cuándo has ido cuesta abajo, y podrás corregirás tus malos hábitos. Si siempre fuiste perezoso, tendrás que hacer lo contrario: crear una nueva identidad para romper con la pereza.

Consejo profesional: para la mayoría de las personas, la pereza es causada por la falta de claridad mental. La atención puede estar influenciada por la nutrición; los alimentos tienen un impacto directo en el funcionamiento del cerebro. La mala alimentación hace que el cerebro no esté claro y es por eso por lo que las personas exitosas gastan mucho en alimentos buenos y caros.

2) Maximizar el tiempo de un día

Este es el paso más importante: no perder el tiempo. Sin darte cuenta, tal vez estás perdiendo de cinco a diez horas al día haciendo cosas que no te benefician de manera significativa. Lo peor de todo, es que puede pasar 10 horas al día sin hacer nada. ¿Cuántas veces has actualizado tu *feed* de Instagram hoy? ¿Cuántas veces has abierto Tinder, o hablado con tus colegas cuando deberías haber estado trabajando? Puede que no te des cuenta, pero probablemente, ya has perdido una docena de horas que podrías haber usado productivamente.

Para maximizar el tiempo de un día, tienes que cambiar tu forma de pensar, pasando de consumidor a la de productor. Una mentalidad de consumidor es aquella que se enfoca en consumir influencias externas: medios sociales, entretenimiento, películas, comida, noticias, etc. Una mentalidad de productor se enfoca en la producción: hacer productos, venderlos, inventarlos, diseñarlos, , escribirlos, editarlos, etc. La mentalidad del productor te permite estar en la raíz de la vida: creas el entretenimiento que la gente consumirá, creas el contenido de los medios sociales, creas los productos que utilizarán y las tendencias que seguirán. Cuando creas valor, la gente quiere darte valor a cambio. Este es un cambio de mentalidad clave que tienes que hacer para tener éxito. Una vez que cambies a una mentalidad de productor, apreciarás mucho más su tiempo.

3) Planificar días productivos

La manera de hacerlo es actuar proactivamente. Tu nutrición y tus malos hábitos podrían tener un efecto muy negativo en tu enfoque y cerebro. Los alimentos ricos en carbohidratos como la pasta, el pan, los pasteles y las bebidas azucaradas hacen que tu cerebro se "nuble" y confunda. Con el consumo de estos alimentos, es casi imposible concentrarse. Tus desafíos pueden haber surgido del consumo de estos alimentos. La peor parte es que están tan extendidos que una persona promedio ni siquiera es consciente de cómo los alimentos pueden afectar la claridad mental. Por el contrario, los alimentos como el brócoli, las espinacas y el bistec refuerzan la concentración y, al mismo tiempo, aumentan la claridad mental.

Una vez que hayas aclarado tu mente con una buena nutrición, podrás planificar tu rutina diaria. Empieza por levantarte temprano y arreglar tus horarios de la tarde. Si te acuestas a medianoche, te será muy difícil levantarte a las 6 de la mañana. Sin embargo, si te acuestas a las 10 a las 11, te será mucho más fácil. Puedes planificar tus días para que sean productivos planificando los alimentos que consumirás en esos días, la hora en que te despertarás, la hora en que harás tus tareas y tus descansos de trabajo. Una vez que has planeado tus días, todo se reduce a la ejecución.

Cómo dejar de postergar ahora

¿Has perdido años postergando tu "gran" proyecto? ¿Qué hay de tu trabajo? ¿Demoras las tareas hasta el último segundo del plazo, y luego te dedicas a trabajar toda la noche? ¿Tienes una idea para crear algo, pero no puedes llevarlo a cabo, incluso después de años de pensarlo? La procrastinación es una enfermedad que nace en el cerebro y se propaga como el cáncer. Una vez que se propaga a una célula, se propaga a todo tu cuerpo, y te mata. Para eliminarla, hay que matarla al principio, y no dejar que se arraigue.

1) Comienza inmediatamente

Para dejar de postergar, tienes que entrar en el flujo de trabajo inmediatamente. Una vez que tu cerebro acepte que has empezado a trabajar, encontrará maneras de mantenerte en ello. Si retrasas tu proyecto hasta la tarde o la noche, probablemente lo dejes para el día siguiente. Esto crea un bucle interminable de procrastinación, y podrías desperdiciar meses o incluso años enteros en él. ¿Conoces a personas que hablan de una u otra "idea de negocio", pero que nunca hacen nada? Han sido infectados por la enfermedad de la procrastinación.

Todo lo que tienes que hacer para dejar de procrastinar es rebobinar el reloj de un futuro "punto de inicio" a un "punto de inicio" actual". ¡Hazlo ahora mismo! Deja todo lo que estás haciendo: apaga el televisor, dile a tus amigos que no vas a salir, enciérrate en tu habitación y EMPIEZA AHORA. No lo demores para el día o la semana siguiente. Recuerda la frase: "No hay mejor momento para empezar que el presente". Ya estás preparado, y debes actuar. Una vez que has empezado, has hecho el 90% del trabajo. El resto se trata de construir el impulso.

2) Optimiza tu tiempo

La manera en que gastas tu tiempo es impredecible. Podrías pensar que te despertarás por la mañana y serás productivo, pero resulta que solo terminas tomando café y viendo videos de YouTube hasta la tarde. Es por eso, que debes asignar acciones clave, con plazos exactos, para optimizar el tiempo. Si sacas un pedazo de papel y desglosas tu día por horas, serás mucho más productivo.

Por ejemplo, si te despiertas a las 6 AM, tómate un café, comienza a trabajar a las 7 AM, trabaja 2 horas; tómate un descanso de 30 minutos a las 9 AM, y continúa trabajando hasta las 12. Anota esto en un papel. Optimizar tu tiempo hace que sea imposible fallar, porque programarás una tarea para cada hora del día. Si solo te dices a ti mismo que lo harás por la mañana, probablemente inventes una excusa o hagas otra cosa. Una vez que tu día está escrito en papel, podrás realmente ejecutar basado en él. Dite a ti mismo, que aunque no termines una tarea en el tiempo que le asignaste, si has pasado todo ese tiempo trabajando, ya has hecho un buen trabajo. Recompénsate cada vez que ejecutes una tarea en su horario.

3) Divide tus proyectos en partes pequeñas

Si tratas de hacer todo a la vez, los proyectos te abrumarán, a menos que los dividas en pedazos pequeños, lo que puede significar pasar un día entero trabajando en una pequeña parte de un proyecto. Por ejemplo, si tienes que escribir un plan de negocios de 15 páginas, empieza escribiendo 5 páginas el primer día; luego escribe 5 páginas más y otras 5 páginas al otro día. ¡En 3 días, habrás terminado! Esto es mucho más realista que forzar todo el proyecto en un día.

Si te cargas con demasiado trabajo, te resultará más difícil concentrarte, y perderás la motivación porque pensarás que no estás progresando. Sin embargo, al dividir el proyecto en varias partes, puedes marcarlas en una lista de verificación. Recompénsate cada vez que completes una parte de un proyecto tomándote un descanso o dando un paseo. Eventualmente, abordarás proyectos enteros aprendiendo a dividirlos en pedazos más pequeños.

Las 5 reglas de la autodisciplina

La autodisciplina consiste en vencer la resistencia, tomar el control de tus emociones y hacer lo que es correcto para el bien común. La autodisciplina no solo la practican los budistas, artistas marciales o atletas, sino también la persona promedio que quiere tener éxito. La autodisciplina es una forma de arte, y una vez que entiendes en qué consiste, puedes empezar a aplicarla en tu vida diaria.

1) La autodisciplina es un sacrificio

Para disciplinarte, tienes que sacrificar todas tus comodidades y placeres. Ya no podrás dormir, comer en exceso o tener hábitos negativos. Tienes que sacrificar todo lo que conocías como tú "vida cómoda". La autodisciplina no es una huida que haces durante una semana, y luego regresas a tu vida de comodidad; es una tarea para toda la vida y el arte de remodelar tu identidad.

Para desarrollar la autodisciplina, tendrás que pasar por un infierno literal, y encontrarás resistencia a cada paso. Las voces de tu cabeza te tentarán a volver a tus malos hábitos, a postergar y a no hacer lo correcto; pero si te sacrificas lo suficiente, aprenderás a ignorarlos. Esta es la razón por la que la autodisciplina se reduce, esencialmente, al sacrificio.

2) La autodisciplina es un cambio de identidad

La autodisciplina no se trata de hacer que tu vida actual funcione. La gente piensa que hay "trucos" y "atajos" para mantener su forma de vida existente sin hacer cambios radicales en su identidad y forma de actuar. Si no estás preparado para cambiar completamente tu vida modificando tu horario de sueño, hábitos de nutrición, de trabajo y patrones de pensamiento, la probabilidad de que tengas éxito de la autodisciplina es muy pequeña. La autodisciplina consiste en cambiar todo tu *modus operandi*, no en hacer que el actual funcione.

3) Si sabes por qué, sabrás cómo

Si quieres autodisciplina, pregúntate a ti mismo: ¿por qué quieres autodisciplina?, ¿es para ser una mejor persona?, ¿es para ser mejor en tu trabajo?, ¿para dejar un mal hábito que afecta tu salud? Pregúntate a ti mismo: ¿por qué intentas conseguirlo? Si no sabes la respuesta, solo estarás girando como un hámster atrapado en una rueda, sin llegar a ninguna parte. Una vez que sepas lo que estás tratando de lograr, tu cerebro sabrá que el sacrificio vale la pena. Ten en mente tu objetivo final cada vez que sientas la tentación de volver a tomar sorbos de tus viejos hábitos.

4) La autodisciplina tiene que ser realista

Ten cuidado de no abrumarte con metas poco realistas. Si trabajas duro a diario y esperas convertirte en millonario en un año, es posible que descubras que eso no va a suceder. Si tratas de dejar de fumar y hacerlo de golpe, es posible que comiences fumando menos las primeras semanas, y luego dejarlo por completo. Con el fin de obtener la motivación para mantener un nuevo hábito, tu cerebro necesita pruebas de que puedes sobrevivir al cambio. A tu cerebro no le importa que tú "creas" que lo harás; quiere experimentar el cambio en primera mano. Haz esto, y tu cerebro te dará la motivación para seguir con el nuevo hábito. Empieza por tomar pequeños cambios y luego radicalízate, en lugar de hacerlo desde el principio.

5) Hacer lo que no quieres trae resultados

Si miras tu vida hacia atrás, probablemente todas las tareas duras (noches sin dormir para terminar un proyecto; sesiones de gimnasia para tener abdominales de 6-pack; trabajos duros para ganar dinero) surgieron de hacer cosas que no querías. Seguramente eran difíciles de hacer. En esencia, los trabajos más difíciles y las cosas que menos queremos hacer son los que producen más resultados para nosotros. Si puedes disciplinarte para centrarte exclusivamente en tareas y actividades productivas que aumenten tu producción, puedes maximizar tu calidad de vida y productividad.

CAPÍTULO 2 - Desarrollar una mentalidad de autodisciplina

La autodisciplina es una habilidad que se puede aprender, así como montar en bicicleta. Aprende la autodisciplina como si estuvieras tratando de aprender a andar en bicicleta o a nadar en el océano; cultivar la habilidad lleva tiempo. Si no supieras nadar, ¿cómo empezarías? Te sumergirías en el agua y empezarás a practicar. Comenzarás a mantenerte a flote por un tiempo, y lo repetirás hasta que puedas nadar. El impulso de practicar más se construye hasta convertirte en nadador. La autodisciplina se basa en dos cosas: la práctica diaria y el impulso. Para obtener autodisciplina, una persona tiene que perfeccionar su habilidad de la consistencia para dar pequeños pasos en el camino, hasta que haya integrado lo que desea aprender o incorporar.

¿Por qué necesitas autodisciplina? La respuesta: te ayuda a lograr cosas difíciles, como dejar tus malos hábitos o desempeñarte mejor en el trabajo. Para lograr tus metas, se necesita disciplina. La autodisciplina puede ser entrenada como cualquier otro hábito; la clave del éxito es la perseverancia. Una vez que fortalezcas tu autodisciplina, podrás hacer cosas en la vida como deshacerte de tus malos hábitos, aumentar tu productividad y ponerte en forma y ser feliz. La autodisciplina es difícil, ya que remodela tu mente para ir más allá de tus necesidades emocionales básicas.

Tres hábitos que construyen la autodisciplina

Consejo profesional: para desarrollar la autodisciplina, trata a tu cerebro como si fuera un atleta que necesita entrenamiento diario para competir en el campeonato deportivo. ¿Qué sucede cuando un atleta pierde su entrenamiento diario? Se desmorona. Date tiempo si acabas de empezar, y patéate el trasero cuando tengas pereza.

Las siguientes son las tres habilidades esenciales para desarrollar una mentalidad de autodisciplina.

1) El hábito de "un día para el éxito"

La mentalidad de autodisciplina se gestiona a lo grande: tienes que preparar tu cerebro para el largo plazo, pero actuar de a pequeños incrementos diarios. La técnica #1 para obtener autodisciplina es lo que llamamos el hábito de "un día para el éxito":

- **El hábito de un día para el éxito: "si lo hiciste por un día, trátate como si ya lo hubieras logrado".**

Si te atienes a tu plan de alimentación por un día, mereces ser tan feliz como si ya hubieres perdido todo el peso. No esperes hasta tener unos abdominales *6-pack* para darte una palmadita en la espalda. El éxito a largo plazo se basa en los pequeños éxitos diarios, y tiene sentido celebrarlos una vez que hayas pasado un día completo de disciplina. Mide tu éxito basándote en lo que has hecho en un día; si te has disciplinado con éxito, trátate como si ya hubieras logrado tu meta. ¿Hiciste el trabajo hoy? Si has completado tus tareas, actúa como si ya estuvieras por llegar al objetivo.

Este es un cambio de mentalidad que hará que tu mente cobre impulso actuando como si ya hubieras logrado el objetivo después de solo un día completo de autodisciplina. Los grandes éxitos se basan en hitos diarios. El enfoque equivocado es esperar 30 días o 6 meses para recompensarte y decirte que lo has logrado. El enfoque correcto es disciplinarse por un día y luego darse palmaditas en la espalda por los logros diarios. Basa tu autoestima y felicidad en tus tareas diarias. Si ya hiciste todo lo que necesitabas hacer en el día, considérate exitoso. Si fallaste, inténtalo de nuevo mañana.

2) Mata la gratificación instantánea

La naturaleza humana nos conduce a consumir cosas que nos proporcionan una gratificación inmediata: comida chatarra, alcohol, cigarrillos, noticias, películas, medios sociales, ¿Qué tienen en común todos ellos? Que proporcionan alivio emocional y gratificación instantáneos. La autodisciplina es el arte de optimizar la mente para la gratificación tardía y a largo plazo. Si comes una barra de caramelo que sabes que no debes comer, sentirás gratificación instantánea. Si dices que no a los dulces y en su lugar consumes brócoli, en 30 días tendrás un mejor cuerpo. La diferencia es que te sentirás gratificado más tarde. La disciplina es diferente del autocontrol porque en el autocontrol ejercemos moderación, mientras que con la autodisciplina, esencialmente reconfiguramos nuestro cerebro para la disciplina a largo plazo.

La autodisciplina es una tarea de toda la vida que desafía nuestra mente continuamente. Acepta que, mientras estés vivo, tu mente siempre te empujará a tomar el camino de la gratificación instantánea; esa es tu biología siguiendo el instinto de supervivencia. Siempre queremos comer, porque cuando vivíamos en tribus, si no comíamos, moríamos. Siempre queremos tener sexo, porque si no lo hiciéramos, no nos reproduciríamos. Somos adictos a las sustancias y a los medios de comunicación social porque nos hacen vibrar el cerebro con productos químicos como la dopamina, que indican que estamos a salvo. La clave no es cambiar nuestra biología, sino observarla objetivamente y tomar el control de ella.

Consejo: conviértete en Dios. Imagínate a ti mismo como Dios observando tu habitación desde arriba. Para vencer nuestra biología, tenemos que observar nuestros comportamientos impulsivos desde la perspectiva de una tercera persona: ¿Dónde estás ahora mismo? Estás en una habitación leyendo un libro. Si vas a la cocina, observa tu comportamiento. Pregúntate a ti mismo: ¿Esta persona está haciendo algo racional, o está actuando primitivamente? Toma el control del mal comportamiento quitando tu identidad de tus acciones, y mírate a ti mismo a través del prisma de una entidad neutral.

3) Crea ondas de *momentum*

Una vez que hayas logrado tu éxito diario, repite el mismo proceso presionándote a través de tus hitos diarios. Esto creará *momentum waves* (u olas de impulso, por su traducción del inglés), en las que cabalgarás como un surfista pescando una ola en mar abierto. Encuentra una gran ola y cógela. Si te caes, vuelve a subirte. Si haces ejercicio durante 1 día, repite las acciones diligentemente durante una semana. Esto creará un gran impulso para que sigas adelante durante un mes completo. Una vez que lo hayas hecho durante un mes, sigue adelante durante un año entero.

¿Recuerdas cuando solías estar en la cima de tu productividad en el trabajo, y seguías produciendo a tiempo, ganabas dinero y tus clientes/jefes elogiaban tu trabajo? Estabas en lo que se llama ola de impulso. Una vez que tienes el impulso inicial, es imposible detenerse. La autodisciplina crea impulso. Si empujas una roca hacia abajo en una montaña, la roca comenzará a caer lentamente, pero luego acelerará. En el momento en que la roca golpea el suelo, ya puede estar yendo a más de 450km/h.

Una vez que empieces con los ejercicios diarios de autodisciplina, lo harás despacio, pero perseverarás hasta que tu ímpetu aumente, y luego, las tareas que antes considerabas "difíciles", te saldrán naturalmente. Esencialmente, en el día a día estás en una batalla con tu cableado biológico y tu mente. Una vez que te das cuenta de que no hay una solución permanente (es decir, una solución que te alivie de la lucha diaria contra tu naturaleza), y que ésta es una tarea para toda la vida, aprendes a anticiparte al desafío diario y a crear impulso gradualmente. Tómalo de a un día a la vez.

Cuatro prácticas esenciales para encender una fuerza de voluntad fuerte

¿Qué haces cuando no tienes ganas de hacer algo? ¿Cómo encuentras la energía para ir al gimnasio por la noche, cuando tienes ganas de dormir y de quedarte en casa? ¿Cómo te levantas a las 5 AM para ir a trabajar, cuando solo quieres dormir una hora más? ¿Cómo consigues la motivación para hacer las cosas que se supone que debes hacer, y hacerlas consistentemente? La respuesta: fuerza de voluntad. La fuerza de voluntad puede ser el factor decisivo entre una meta exitosa y una meta fallida.

¿Cuál es la diferencia entre un CEO millonario que dirige su propia empresa y una persona sin hogar en la calle? La fuerza de voluntad. Uno tiene la fuerza de voluntad para salir adelante y tener éxito, mientras que el otro carece de fuerza de voluntad y apenas puede subsistir en la vida. Algunas personas quieren tener éxito y saben lo que se necesita para tenerlo, pero carecen de la fuerza de voluntad para hacerlo. Este capítulo se enfoca en la importancia de la fuerza de voluntad y las 4 técnicas principales para desarrollarla para llevar a cabo tus tareas diarias.

La fuerza de voluntad es como un músculo en el cerebro: se debilita cuando no se lo entrena. Si no haces nada para practicar tu fuerza de voluntad, serás perezoso e improductivo. Trata a tu cerebro como a un vehículo, donde la fuerza de voluntad es el motor: Si no tienes motor, o si tienes uno que funciona a medias, no podrás conducir. Sin embargo, si el motor está bien engrasado y la mecánica funciona, podrás conducir por los terrenos montañosos más peligrosos. Lo mismo se aplica a tu cerebro: cuando tienes fuerza de voluntad, tienes un cerebro en funcionamiento que te hará lograr cualquier cosa. ¿Quieres poder levantarte a las 5 de la mañana y sentirte bien? ¿Quieres poder hacer ejercicio por la noche y esperar con ansias tu visita al gimnasio? ¿Quieres poder trabajar 10 horas sin descansos ni distracciones? Arregla tu fuerza de voluntad, y podrás lograrlo.

Consejo profesional: trata a la fuerza de voluntad como a un bíceps. Para aumentar la masa muscular, tienes que aumentar el peso en las áreas que influyan a los bíceps. Si dejas de levantar pesas, tus músculos se contraen. Lo mismo se aplica a la fuerza de voluntad: debes presionar tu cerebro para desarrollar la fuerza de voluntad, pero una vez que la has desarrollado, la práctica se volverá más fácil. Si dejas de trabajar en tu fuerza de voluntad, la perderás y te caerás. La fuerza de voluntad requiere disciplina constante y sacrificio diario.

La fuerza de voluntad tiene que ser construida gradualmente: no se desarrolla de la noche a la mañana. Ten cuidado de no sentirte abrumado, incluso si las metas parecen realistas. Por ejemplo, si tu meta es hacer ejercicio a las 9 PM en punto cada noche, asegúrate de no quemarte demasiado, o no podrás hacer ejercicio al día siguiente. Toma descansos y recompénsate una vez cada poco día, para no quemarse. Empieza haciendo pequeñas mejoras, y construye tu fuerza de voluntad usando las siguientes técnicas de manera gradual. Una vez que ganes impulso, continúa haciéndolo, y las acciones se convertirán en parte de tu identidad.

Recuerda la regla de los 6 meses: lo que hoy te pareció difícil de hacer, en 6 meses será algo normal. Si pensaste que correr y levantar pesas en un día era imposible, cuando lo hagas una y otra vez, descubrirás que se ha convertido en algo normal para ti después de 6 meses; y podrás agregar otra actividad más. Tu fuerza de voluntad alcanzará su punto máximo después de que tu cerebro tenga pruebas de que algo es posible. Para darle esas pruebas, debes lanzarte a la línea de fuego todos los días. Naturalmente, tendrás caídas en el proceso, pero debes levantarse. Una vez que tú el impulso se acabe, esfuérzate por hacerlo de nuevo, y tu fuerza de voluntad alcanzará su punto máximo.

1) Dale pruebas a tu cerebro, no promesas

Recuerda esta frase: **tu cerebro quiere pruebas, no promesas.** Tu cerebro funciona como una máquina de monedas: una vez que le demuestras que algo es posible, a cambio da fuerza de voluntad. Si te dices a ti mismo "hoy comeré mejor", tu cerebro no se dará cuenta y no te dará la fuerza de voluntad para hacerlo. Sin embargo, si te obligas a hacerlo, si cocinas alimentos saludables y los consumes, tu cerebro tendrá una prueba definitiva de que sí es posible. Entonces, naturalmente te dará la fuerza de voluntad para repetirlo al día siguiente. Tu cerebro demanda pruebas constantemente de que puedes hacer ciertas cosas, y debes darle pruebas físicas si quieres obtener la fuerza de voluntad a cambio. ¿Has intentado dejar de fumar? Si dejaras de fumar durante una semana, tu cerebro tendría todas las pruebas que necesita para darte la fuerza de voluntad para ser un no fumador para siempre. No basta con pensar positivamente y reafirmar que lo harás algún día; debes tomar acción física para que tu cerebro te suministre la fuerza de voluntad que necesitas.

Oblígate a hacer lo correcto por un día, y tu fuerza de voluntad aumentará dramáticamente. Si has regresado de vacaciones y te falta fuerza de voluntad para volver al trabajo, oblígate a trabajar inmediatamente. Algún que otro día trabajarás con resistencia, pero tu cerebro tendrá pruebas de que es posible. Entonces, tu fuerza de voluntad regresará y podrás volver a trabajar de la misma manera que antes. Si no has hecho ejercicio en 2 años y has perdido el estado físico, puedes reestablecer tu rutina de ejercicios haciéndola por la noche. Busca un sendero para correr, vístete y comienza a hacer ejercicio. Una vez que hayas pasado tu primera noche, tu fuerza de voluntad para repetir el proceso se elevará exponencialmente.

2) Comienza con tareas incómodas

¿Qué pasa cuando empiezas a trabajar por la mañana? Sientes incomodidad. ¿Qué pasa cuando empiezas a correr en pista? Sientes incomodidad. ¿Qué pasa cuando vas a una entrevista de trabajo? Sientes incomodidad. Incomodidad es lo que necesitas; significa que esa acción vale la pena. Ahora, piensa en lo que sucede cuando empujas a través de la incomodidad; al tiempo te acostumbras y empiezas a comprometerte con él. La incomodidad que sientes en este caso no es causada por la falta de circunstancias ideales, sino por tu propia resistencia biológica. La resistencia biológica trata de encadenarte y conservar energía, así que debes hacer lo contrario de lo que sientes dentro.

Recuerda esto: **tu cuerpo no se preocupa por tus metas**. Tu cuerpo te recompensa por hacer cosas que, en realidad, frenan tu progreso: dormir, comer comida chatarra, fumar, beber, consumir medios de comunicación. Tu biología está conectada para que liberes la menor cantidad de energía y consumas la mayor cantidad de energía posible. ¿Alguna vez te has preguntado por qué quieres hacer menos en el trabajo, por qué duermes hasta tarde, por qué quieres quedarte en la cama en lugar de ir al gimnasio? Es porque la resistencia está ahí para evitar que liberes energía excedente, esa que en realidad te llevaría a una vida de éxito.

Consejo profesional: para tener éxito, haz lo contrario a lo que tu biología te pide. ¿Quieres dormir? Levántate de la cama. ¿Quieres comer pizza? Cocínate un brócoli. ¿Quieres quedarte en casa y no hacer ejercicio? Ve al gimnasio. ¿Quieres ver Netflix y relajarte? Ve a trabajar 10 horas seguidas sin descansar.

Sintoniza con tu cuerpo, escucha lo que anhela biológicamente. En la mayoría de los casos, estás haciendo cosas basadas en impulsos biológicos; si diseñas tus acciones para hacer lo contrario de tus impulsos, crearás la fuerza de voluntad que necesitas para tener éxito. Comienza con tareas incómodas, ya sea despertarse temprano, hacer un proyecto del trabajo que has retrasado, o ir al gimnasio. De esta manera, lo incómodo se convertirá en la norma, y nunca caerás preso de tus impulsos biológicos.

3) Esfuérzate al 100% en cada tarea

La fuerza de voluntad no se trata solo de empezar, se trata de terminar tus tareas con una diligencia del 100%. ¿Cómo desarrollas la fuerza de voluntad para hacer una tarea si no es dando lo mejor de ti? El enfoque incorrecto es comenzar una tarea incómoda y holgazanear, pensando que retrasándola todavía tienes posibilidad de hacerla otro día.

El enfoque correcto es trabajar como si tu vida dependiera de ello.

Imagina que alguien te pone una pistola en la cabeza y te dice: "Ve al gimnasio y haz 150 flexiones, levanta 5 veces peso y corre 16 km". ¿Encontrarías la fuerza de voluntad para hacerlo? Definitivamente sí, ya que tu vida estaría en peligro. Trata a tus tareas regulares de trabajo como si tu vida dependiera de ellas, y dales tu mejor rendimiento, incluso si la tarea no es importante. Una vez que te acostumbras a hacer todo al 100% de tu capacidad, se desplaza a otras áreas de tu vida, y tu fuerza de voluntad para hacer muchas cosas a la vez se dispara. Desarrollarás la fuerza de voluntad para trabajar, hacer ejercicio, salir y participar en proyectos divertidos sin quedarte sin energía.

4) Disminuye las distracciones

Elimina todas las distracciones que te impiden completar un trabajo. Una vez que hayas trabajado una o dos horas, tendrás ganas de tomar un descanso y disfrutar de períodos de relajación. La desventaja de esto es que, normalmente, una vez que encuentras una distracción, surgen más distracciones. . Si miras Instagram, encontrarás una publicación emotiva de tu expareja, o un anuncio que te anima a viajar a Bali. De repente, estarás en una página de reservas buscando vuelos a Bali: una distracción lleva a otra distracción, hasta que pierdes la pista de tu trabajo original por completo Para evitar esto, trata todo como si tuviera un efecto de "bola de nieve", que podría erosionar tu atención y dañar tu enfoque con solo mirarlo. ¿Recuerdas cómo desarrollas el impulso de la fuerza de voluntad? El lado malo es que también puedes desarrollar un impulso en las distracciones, así que observa que estás en el extremo correcto de ese espectro.

Tres técnicas para fortalecer tu autocontrol

El autocontrol consiste en controlar tus impulsos emocionales. Mira tus decisiones impulsivas. ¿Comes pizza a las 11 de la noche y te preguntas porqué lo hiciste? ¿Vuelves a fumar en una fiesta y habías estado tratando de dejarlo? ¿Pides algo en eBay cuando sabes que tienes que ahorrar? Esto es lo que se conoce como comportamiento impulsivo. Para obtener autocontrol sobre el comportamiento impulsivo, debes tomar el control de tus emociones. La mayoría de las emociones que causan decisiones impulsivas son difíciles de controlar, ya que están impulsadas por la ansiedad, el miedo, el estrés o incluso la felicidad. Una vez que te "drogas" con una emoción, es difícil tomar decisiones racionales.

Consejo profesional: el autocontrol es una medida "preventiva". Uno debe observar su comportamiento para tomar control de su impulsividad. El autocontrol es esencial e impermeable para hacer grandes cambios en la vida, ya que la lucha diaria de la autodisciplina está ligada a la toma de pequeñas decisiones de autocontrol de contención. ¿Cómo puedes cumplir un plan de alimentación durante un día entero cuando hay tantas opciones de alimentos disponibles? ¿Cómo concentrarse en el trabajo durante 10 horas, cuando te distraen por los medios de comunicación social? ¿Cómo detener un hábito que te perjudica, cuando te proporciona buenas emociones? La respuesta es simple: supera tu comportamiento impulsivo. Hay técnicas para superar tu impulsividad, observando tu comportamiento y corrigiéndolo antes de que se apodere de tus sentidos lógicos.

El autocontrol está a punto de evitar el comportamiento impulsivo. Hay 3 pasos para evitar el comportamiento impulsivo:

1) Identifica los desencadenantes

El comportamiento impulsivo es causado por una falta de juicio lógico. Cuando piensas racionalmente, sabes lo que es malo y bueno para ti. La naturaleza humana es, a menudo, más poderosa que la mente racional, y por eso es tan difícil de superar. La lucha por vencer a la naturaleza está ligada a nuestra biología, ya que hemos evolucionado para buscar la gratificación instantánea. Esencialmente, la mayoría de las cosas que se sienten bien son malas para nosotros a largo plazo. El comportamiento impulsivo solo puede ser corregido a nivel lógico, haciendo que tu mente racional sea más poderosa que tus impulsos físicos. ¿Cómo se logra esto? Empieza por aplicar la lógica. Identifica los factores desencadenantes por adelantado, y actúa de manera preventiva; evita ponerte en una situación en la que te sientas tentado.

Por ejemplo, si estás tratando de dejar de fumar, es posible que descubras que ir de fiesta y emborracharte te dan ganas de fumar más. Evita las fiestas, ese es tu detonante. Si quieres comer sano, no pases por panaderías u tiendas que le tienten a comprar comida chatarra. Si comes por la noche, prepárate una comida saludable por adelantado o acuéstate temprano. Identifica esos pequeños "desencadenantes", los pequeños eventos que provocan tu comportamiento impulsivo, y evítalos disminuyéndolos por completo. Muchas veces, te expones a las influencias equivocadas consumiendo medios de comunicación en línea que sirven como campo de lanzamiento hacia el mal comportamiento. Los humanos también tienen influencias a nivel subconsciente; si uno ve a sus amigos haciendo algo en los medios sociales, el cerebro los tienta a repetir ese comportamiento. Corta con todas las influencias que te desencadenen el comportamiento impulsivo.

Si la culpa del desencadenante está en ti mismo y no puedes evitar los estímulos externos (no son fiestas o tiendas que te tientan, sino tu propio comportamiento) la solución es simple: suprime tus emociones. La mayoría de los impulsos desaparecen en 10 minutos. Si quieres fumar, espera y ocúpate de otra actividad. Solo tienes que observar tu deseo de fumar y superar tus emociones. Lo ideal es que evites todos los desencadenantes externos y suprimas tus emociones internas por un rato para evitar por completo caer de nuevo el comportamiento impulsivo.

2) Restringe el comportamiento impulsivo

El comportamiento impulsivo es temporal. Tomar el control del comportamiento impulsivo es esencial para el autocontrol, ya que significa que dominas tus impulsos primarios. Hay dos maneras de controlar el comportamiento impulsivo: 1) dejarlo pasar 2) participar en otra actividad.

Observar tu impulsividad en tercera persona puede darte una idea de cómo funciona, y la manera de suprimirla. Si puedes eliminar tu identidad de la ecuación y mirarte a ti mismo como si fueras una persona neutral, ¿seguirías sintiendo los mismos impulsos? Siente el impulso como si estuvieras al 100% y preséntate con él, sin resistirlo. En la meditación, esta práctica se conoce como "estar presente en el momento". Esto pondrá tu mente en reposo porque sabrás que tus adicciones e impulsividad no son más que el resultado de impulsos biológicos que estallan. La mente apega las historias personales a tu impulsividad, pero en esencia, es un comportamiento impulsado por la necesidad del cerebro de una rápida gratificación.

Usar actividades de reemplazo es una manera efectiva de controlar el comportamiento impulsivo: date un duchar, un paseo, toma una siesta, corre, compra una bolsa de boxeo para golpear, habla con alguien, etc. Hay muchas maneras de recuperar las emociones que buscas de tu adicción o impulsividad de una manera que no te haga daño.

3) Previene una recaída futura

¿Por qué dejar de fumar si vas a recaer en un mes? ¿Por qué comer comida orgánica si estarás volviendo a la comida chatarra en de un mes? La recaída es tu mayor amenaza a largo plazo, por lo que saber cómo anticiparla es tan esencial como identificar sus desencadenantes. La manera en que controlas tu comportamiento moldeará tu destino, y anticiparte a una futura recaída puede ayudarte a no volver a adquirir malos hábitos.

La manera de prevenir una recaída es simple: cambia tu identidad. Muchas personas se aferran erróneamente a su antigua identidad y tratan de "hacerla funcionar" cambiando sus hábitos. Sin embargo, la única manera de tener éxito en el cambio a largo plazo es cambiar quién eres como persona. Debes dejar ir tu identidad actual y convertirte en otra cosa, similar a una oruga que se transforma en mariposa. Por ejemplo, si deseas dejar de fumar, puedes utilizar técnicas para evitar comprar cigarrillos e ir a la tienda o a fiestas. Incluso puedes decirte a ti mismo que es malo para tu mente y que es un hábito terrible. Sin embargo, el enfoque correcto es asumir una identidad de no fumador. ¿Tienes amigos que no fuman? ¿Alguna vez se sienten tentados por el humo? La respuesta es no. Esto se debe a que su identidad es, fundamentalmente, la de los no fumadores. Asume la identidad de la persona en la que quieres convertirte, y perderás tus tentaciones actuales de forma natural.

Cinco trucos psicológicos para impulsar la autodisciplina

Para construir sobre tu autodisciplina y autocontrol, la psicología puede añadir una capa de fuerza de voluntad que te ayudará a atravesar los días más difíciles cuando estés empujándote a los límites de tu capacidad emocional. ¿Qué sucede cuando se rompe una semana de autodisciplina exitosa a tal punto de recaer en los malos hábitos? La manera de evitarlo es aplicar bloques de construcción psicológica: pequeñas técnicas que, cuando se apilan una encima de la otra, pueden servir como base para la salud psicológica. Piensa en los bloques de construcción psicológica como ladrillos. Si no tuviste autodisciplina en el pasado, puedes comenzar a construir tu estructura por un día. Una vez que haya pasado un día, puedes agregar un ladrillo más. Al final tendrás una casa entera.

Recuerda la frase: "**la mente es una criatura de hábitos**". Una vez que tu mente esté entrenada para hacer algo, también puede no estarlo. Si has caído en malos hábitos, puedes revertirlo creando hábitos completamente nuevos. Esto se debe a que el cerebro no es estático, y puede ser alterado a tu forma ideal, con el fin de recuperar el control sobre tu vida. La autodisciplina consiste en tomar el control de la mente, y la psicología se especializa en su estudio.

Los trucos psicológicos no consisten en ir al científico loco que vive al lado y hacer que te enganchen con electrodos que te hagan cambiar de opinión. En su lugar, debes darte cuenta de que los cambios se pueden hacer gradualmente. Una vez que no bebiste alcohol, te enseñaste a ti mismo a hacerlo, incluso ni siquiera tomaste café; y ahora, no puedes pasar un día sin dos tazas de café. La mente es muy flexible y puede adaptarse a hábitos dañinos al igual que a hábitos "duros" nuevos que estés tratando de imponerte y que mejorarían tu vida. Si tienes poco poder sobre la mente racional, los siguientes trucos psicológicos pueden ayudarte a mejorarlo ahora:

1) Hazte presente con la meditación

¿Cómo evitar los malos pensamientos que te llevan a un comportamiento impulsivo? La respuesta es no tener ningún pensamiento. La meditación es el arte de estar presente y abandonar la mente consciente, confiando efectivamente en que el subconsciente será suficiente para ayudarte a tomar las decisiones correctas. Nuestras mentes están preocupadas con pensamientos sobre el futuro y el pasado. Pasamos demasiado tiempo pensando y poco tiempo actuando.

La meditación es un ejercicio que nos ayuda a minimizar nuestros pensamientos, y el ejercicio consiste en concentrarnos en la respiración y no pensar durante 20 minutos. Para visualizar la presencia, imagínate en los días del hombre de las cavernas: estabas cazando un animal, tenías una lanza y el animal huyó de ti. Una vez que empiezas a correr hacia el animal y a perseguir la muerte, no piensas en absoluto, porque te concentras en la muerte. Has estado completamente inmerso en el momento presente, que es lo que la meditación ayuda a lograr.

La práctica de la meditación puede reducir la ansiedad, darte más confianza y la capacidad de calibrar en el momento. Si estás trabajando en un entorno donde tienes que tomar decisiones en el momento, como el mercado de valores o las ventas en vivo, debes estar presente en ese momento. Si estás atascado en tu cabeza, tus pensamientos tomarán el control y no serás capaz de comprometerte con tu trabajo.

La meditación solo toma de 15 a 20 minutos por noche, y todo lo que uno necesita es un despertador. Pon el despertador en 15 minutos, siéntate, cierra los ojos y concéntrate en tu respiración. Sentirás la presencia apareciendo a los 5 minutos, y 15 minutos después, sentirás la presencia completa. Una vez que una persona ha meditado durante meses, puede, naturalmente, invocar este sentimiento.

2) Cambia tu corteza prefrontal

La corteza prefrontal es una parte del cerebro situada por encima de los ojos, responsable de controlar el enfoque. La corteza prefrontal controla el enfoque mediante la identificación de puntos de enfoque para el cerebro y el uso de los sentidos. Una vez que la corteza prefrontal está "enfocada" en algo, puede mantener el enfoque durante mucho tiempo. Podrías pensar que es tu cerebro él lo que hace, pero en realidad es un pedacito diminuto de él ubicado en una punta el que controla el enfoque, y tú puedes optimizarlo.

La corteza prefrontal es una reacción evolutiva a los humanos que viven en la naturaleza, cuando una criatura salvaje podría, por ejemplo, atacarte y comerte. En respuesta, la corteza prefrontal se centra inmediatamente en la amenaza y te hace consciente de que estás en peligro inmediato. También nos ha ayudado a cazar y reproducirnos. La corteza prefrontal ha permanecido, en gran medida igual, pero ahora la gente está tratando de alterarla para optimizar su enfoque en el trabajo. Incluso los medicamentos populares de enfoque como Adderall funcionan alternando la corteza prefrontal.

La manera más rápida de modificar la corteza prefrontal es obligar al cerebro a realizar una tarea difícil. Si comienzas la actividad, la corteza prefrontal encuentra maneras de mantenerla. No se activa automáticamente cuando deseas, hay que forzarla a que lo haga. ¿Quieres ir corriendo pero tu cerebro no lo hace? Salga y comienza a correr, y tu corteza prefrontal te dará el enfoque para terminar el ejercicio. ¿Quieres trabajar en un gran proyecto? Comienza a hacerlo y tu corteza prefrontal te proporcionará el enfoque y la energía que necesitas.

3) Ama el proceso

Si aprendes a amar el proceso que te lleva al éxito, lo conseguirás automáticamente. Muchas personas están orientadas a los resultados y tratan de avanzar rápidamente hasta el punto final, en lugar de concentrarse en el proceso diario que les permite alcanzarlo. Esto se debe a que vivimos en una época de medios de comunicación social en la que la gente imagina coches, destinos de viaje y champán. Como resultado, creen que el éxito es solo el punto final y no el viaje en sí mismo. Entiende que la acción más pequeña que tomes hoy tendrá repercusiones 30 días después. Si sales de tu casa para ir al gimnasio, no verás ningún resultado mañana, pero lo verás 30 días después frente al espejo.

Observa tus pasos de camino al gimnasio y elógiate a ti mismo, porque ya tienes éxito. Esos pasos lentos y cansados que das por la noche lo son. Tienes que reducir tu proceso y optimizar tu comportamiento en aquellas pequeñas tareas que producen resultados. El proceso es esencialmente un conjunto de hitos diarios que haces, y que, cuando se combinan, producen resultados. Si pasas 30 minutos en el gimnasio todas las noches, estarás en forma en 1 o 2 meses. Si trabajas 10 horas todos los días, tendrás éxito en el trabajo. Hacer el pequeño cambio psicológico de que cada acción diaria importa y contribuye al panorama general te ayudará a superar la última resistencia que tengas.

4) Optimiza para la gratificación retrasada

La gratificación retrasada se trata de una perspectiva a largo plazo. El éxito puede tomar años. Es por eso por lo que uno debe prepararse para el pensamiento a largo plazo y los sacrificios que le siguen. Gary Vaynerchuk, uno de los principales referentes del marketing de medios, pasó una década encerrado en una sala grabando videos de vino para su negocio. No fue a fiestas ni a reuniones. Perfeccionó su habilidad, y sabía que si seguía así, su éxito llegaría, aunque le llevara 10 años de trabajo sin parar.

Un experimento científico de los años 70 dirigido a los niños pequeños llamado experimento *Marshmallow* muestra esto: a cada niño se les dio un dulce de malvavisco delante de los otros. Si lo comían inmediatamente, solo tenían ese, y si esperaban más tiempo, se les daban dos. Muchos niños se comieron los caramelos de inmediato, mientras que otros esperaron y comieron dos. Más tarde, los psicólogos descubrieron que los niños que esperaban para comerse dos caramelos solían mostrar una mayor capacidad de resolución de problemas y tenían mejores resultados en el SAT, el examen de admisión para las universidades de los Estados Unidos.

5) Desestrésate periódicamente

Desestresarte es el paso siguiente a una rutina de trabajo exitosa. Uno debe tomarse el tiempo para eliminar las toxinas dañinas y reiniciarse, dándose el tiempo que necesite. Si tienes exceso de trabajo, estás bajo estrés constante y tu cuerpo está lleno cortisol, una hormona característica del estrés. El cortisol es una sustancia evolutiva que es responsable de las amenazas externas: si un animal te ataca, el cuerpo se llena de cortisol para ponerse en "alerta" y hacerte más sensible al mundo. Esto hace que sea más probable que salves tu vida cuando estés huyendo o tratando de combatir a un enemigo (en un sentido evolutivo).

El cuerpo no puede diferenciar entre el mundo moderno y los días del hombre de las cavernas; de modo que si estás bajo constante estrés en el trabajo, no reconoce que estás en una torre de oficinas en Nueva Jersey, y te llena de esa misma hormona, como si estuvieras huyendo de un tigre. La manera efectiva de desestresarse es alejarse completamente del entorno actual. Reserva un vuelo a la playa, acampa al aire libre, haz un viaje por carretera, explora tu ciudad; haz cualquier cosa que no gire en torno a tu entorno actual. Una vez que te desestresas, puedes volver al trabajo recargado.

CAPÍTULO 3 - Los secretos para establecer metas

¿Alguna vez te has mirado los kilos de más en el espejo y has pensado que "deberías perder peso" pero nunca has hecho nada en concreto por ello? ¿Quizás tomaste medidas pero te diste por vencido después de 2-4 semanas, y volviste a tus viejos hábitos? ¿Sueñas con dejar de aplastar tu alma, pero nunca lo haces porque le tienes demasiado miedo a tu jefe? ¿Estás atascado en una rutina y ves que tu vida no va a ninguna parte? ¿Tienes alguna idea de negocio ambiciosa en mente, pero has retrasado la toma de medidas durante meses o años? La mayoría de las personas piensan que deben hacerlo y saben que deben actuar. Sin embargo, su rutina diaria les impide actuar correctamente.

Establecer metas se trata de una cosa: **romper con la rutina diaria.**

La mente subconsciente sabe que, si tomas acción, tu vida cambiará, y te impide hacerlo para encadenarte a tu régimen actual. Eres esclavo de un impulso biológico. Tu cerebro quiere que permanezcas igual; es un mecanismo de protección, porque encuentra consuelo en lo familiar. Renunciar a tu trabajo, perder peso, empezar un negocio, todo eso es poco familiar, tu mente pensará en toda excusa y racionalización para evitar que cambies. Esta es la razón por la cual usted debes establecer metas SMART que sean sensibles al tiempo y rompan tu rutina para lograr que hagas lo que necesitas. La remodelación de tu vida comienza en la etapa de fijación de metas. Si te fijas metas concretas, podrás romper tu rutina y empezar a vivir la vida que siempre quisiste, paso a paso.

Empieza ahora: "el día" nunca llega

Recuerda la frase: **El día nunca llega** Sólo estás ahí cuando actúas. ¿Has postergado tus "grandes planes" para una cita imaginaria en la que supones que estarás listo? ¿Hay ideas de hace 5 años sobre las que no hayas tomado acción, pero te has dicho a ti mismo que las harás una vez que te sientas preparado? ¿Tienes una idea de negocio genial sobre la que nunca tomaste acción porque es demasiado compleja? Las metas SMART existen para darte ese último "empujón" que necesitas para patearte el trasero y tomar acción. Las metas SMART tienen que ver con romper tu rutina y tomar grandes medidas para alcanzar tus metas futuras. Este capítulo se centra en la mentalidad de fijación de objetivos que te empujará directamente a la acción.

Cómo crear objetivos SMART para un mejor rendimiento

Consejo profesional: fijar objetivos es como saltar a una piscina. Si no saltas inmediatamente, te sentirás tentado a permanecer al margen, donde no te mojas. Si saltas, verás que el agua no estaba demasiado fría, y te acostumbras a la temperatura rápidamente. Lo mismo se aplica a los objetivos SMART: puedes tomar medidas inmediatamente y completar las piezas que faltan en el camino. Nunca estarás listo hasta que tomes acción, pero una vez que lo hagas, tu cerebro encontrará maneras de mantenerte en movimiento. Por ejemplo, si renuncias a tu trabajo con un jefe abusivo, comenzarás a buscar un nuevo trabajo inmediatamente, y eventualmente conseguirás uno mejor.

Las metas SMART son los planes de acción que planificas antes de hacer. Hay una distinción entre metas SMART y HARD: las metas SMART son pequeñas metas mensuales incrementales que una persona puede alcanzar en un corto período de tiempo; mientras que las metas HARD están orientadas a largo plazo y requieren un cambio profundo de identidad. S.M.A.R.T. significa:

➜ **S-PECIFIC (específico)**

➜ **M-EASURABLE (medible)**

➜ **A-TTAINABLE (alcanzable)**

➜ **R-ELEVANT (relevante)**

➜ **TIME-BOUND (en un tiempo determinado)**

Las metas SMART separan promesas vacías como "necesito perder peso" de planes de acción concretos como "necesito perder 20 kilos en 2 meses". Si te fijas objetivos concretos con tengan planes de acción y plazos, podrás alcanzarlos categóricamente en lugar de jugar con ellos y esperar a que te motiven por instinto. Si careces de motivación, las metas SMART establecen las bases para el cambio ,al tomar pequeñas acciones diarias. Las metas SMART deben contener todo lo siguiente:

1) Específico

Los objetivos SMART deben ser específicos. La técnica es escribir fechas y horas concretas en las que se puedan llevar a cabo las acciones. Cuando escribas tu meta, empieza por escribir los detalles específicos: fecha, hora, resultado y cualquier otro detalle. Cuanto más específico seas, más concreto podrás ser sobre tus acciones. Si deseas perder peso, escribe cuántos kilos y cuántas semanas quieres tardar. Si deseas obtener un aumento, escribe cuánto por mes y qué porcentaje del salario. Si deseas comenzar un negocio, escribe en qué fecha y cuántas ventas en dólares deseas hacer por mes. Si deseas dejar de fumar, escribe cuándo fumarás por última vez y qué planeas hacer después.

Una vez, un profesor de la Escuela de Negocios de Harvard encargó a sus estudiantes que escribieran sus metas de vida en un pedazo de papel. Los estudiantes devolvieron rápidamente sus papeles al profesor. Él leyó cada pedazo de papel y los tiró a la basura frente a la clase excepto uno. Tomó el último papel que quedaba y lo leyó en voz alta, y decía: "Quiero un aumento del 10% para septiembre del próximo año". Lo señaló como el mejor trabajo de la clase porque establecía un plan de acción concreto y una fecha límite en lugar de afirmar vagamente "Quiero que me asciendan". La estudiante afirmó que quería "un aumento del 10% para septiembre del año que viene". La única diferencia entre tiempo y meta específica es lo que diferencia una meta fallida de una meta ¡SMART!

2) Medible

Recuerda la frase: **lo que se mide, se maneja.** Las metas pueden ser medidas de la misma manera en que medimos nuestros gastos de vida. ¿Sabes cuál es tu renta mensual, cuánto son tus cuentas y cuánto debes en impuestos? Piensa en tus metas como unidades medibles. Si deseas tener éxito, mide el aumento exacto de dinero que necesitas para financiar tu vida futura. Digamos que el éxito para ti es una casa. Una casa promedio en los Estados Unidos cuesta, aproximadamente, $250,000 USD. ¿Qué se necesita para obtener ese monto? Tal vez quieras comenzar un nuevo negocio o conseguir un trabajo bien pago. Sea lo que sea, lo que se mide, se logra por adelantado.

Puedes medir el progreso de tu condición física de la misma manera: si tuviste abdominales con un 16% de grasa corporal, puedes medir cuántas libras necesitas perder para bajar a ese nivel de grasa corporal. Una vez que tengas una medición general, puedes dividir tu objetivo en pequeñas mediciones diarias. Por ejemplo, si tu meta es perder 12 kilos en un mes, debe ser perder 3 kilos a la semana. Mide tu peso todos los días para asegurarte de que lo estás haciendo, y esto reforzará tu objetivo a largo plazo.

3) Alcanzable

Los objetivos SMART deben ser realistas y alcanzables en función de tu situación actual. Por eso se hace hincapié en el corto plazo. Si deseas abrir un restaurante, puedes estar a uno o dos años de la meta. Primero, necesitas conseguir los fondos. Es probable que tengas que trabajar durante, al menos, un año antes de que puedas obtener el financiamiento inicial que necesitas para el alquiler del lugar, los suministros de alimentos, los chefs y la comercialización. Las metas tienen que ser divididas en pequeños trozos que se puedan alcanzar y apilar uno encima del otro.

Consejo profesional: piensa en las metas como la colocación de ladrillos para construir una casa. Se coloca una capa de ladrillos cada semana y se repite lo mismo durante un año. Al final del año, tienes la casa completa.

Volvamos al ejemplo del restaurante: trabaja por tu metra horas extras durante un año hasta que reúnas los fondos iniciales. Divide ese año en metas mensuales, e hitos semanales. Una vez que tengas pequeños hitos incrementales, puedes empezar a tomar medidas de inmediato. Las acciones se construirán una sobre la otra, y en 1 año habrás logrado tu objetivo final: tener un restaurante propio. Si te dices a ti mismo que un día conseguirás los fondos para un restaurante, retrasarás tu meta indefinidamente. Si cambias tu vida para optimizar las acciones diarias que te permitirían obtener los fondos, el cambio de mentalidad por sí solo te asegurará el éxito a largo plazo.

4) Relevante

Pregúntate a ti mismo: ¿es esta meta verdadera para mi corazón?, ¿quiero fijarme metas para impresionar a los demás, o es algo que siempre he querido hacer por mí mismo? Establece metas que te proporcionen satisfacción personal. Si lo haces para satisfacer a los demás, te quemarás. Las metas SMART tienen que ver con la satisfacción personal, porque tomar acción es mucho más fácil una vez que se hace para tu corazón.

Por ejemplo, si odias tu carrera universitaria y te pones como meta obtener mejores calificaciones solo para impresionar a tus padres, es probable que fracases, porque no lo que quiere tu corazón. Sin embargo, si tienes como meta cambiar de carrera y perseguir algo que sea fiel a tu corazón, se volverá mucho más ansioso por lograrlas. Las metas SMART tienen que ver con acciones concretas, pero también tienen que ver con dar vuelta tu vida. Si no estás satisfecho con tu situación actual, es hora de cambiar todo.

5) Tiempo determinado

El tiempo establece la diferencia entre una meta que se hace y una que se pierde. Si no tienes plazos, no tienes metas. Establece plazos específicos y escribe las fechas límite para todas las metas; la más importante es la fecha de inicio. Una vez que tienes una fecha de inicio, sabes que tu antigua vida está a punto de cambiar. Si la meta requiere un gran cambio en tu vida, como dejar de fumar, retrasa la fecha de inicio hasta que te sientas seguro de que podrás mantener tu nuevo comportamiento. Especifica el día exacto en que deseas comenzar. No basta con decir: empezaré el mes que viene o empezaré en octubre. Lo correcto es decir: empezaré el 15 de octubre. La sincronización asegura que tu cerebro no será capaz de pensar en excusas o postergar la fecha indefinidamente. Una vez que la fecha está escrita, quedará grabada en piedra.

Cómo definir metas DURAS para mejor rendimiento

Las metas SMART te obligan a tomar medidas; las metas sólidas te obligan a cambiar tu identidad. Las metas duras son el último nivel en al establecer metas: desafían tu identidad y te ayudan a reformarte para convertirte en la persona que siempre quisiste ser. La gran diferencia entre metas SMART y metas duras es que las metas SMART se pueden dividir en metas diarias, semanales u incrementales pequeñas, mientras que las metas duras solo se pueden trabajar con meses o años de anticipación. Las metas sólidas cortan profundamente tu alma y cuestionan si la acción que estás tomando es verdadera a tu identidad; y si no, para remodelar completamente tu identidad como persona. Imagina que las metas SMART son las que te hacen tomar acción, y las metas duras son las que te definen:

- **Objetivo SMART: Quiero empezar un negocio en 1 año.**
- **Objetivo DURO: Quiero ser un dueño de negocio exitoso.**

Las metas duras se relacionan con quién eres como persona: ¿eres una persona orientada a la condición física o que toma acción?, ¿aspiras a ser médico/propietario de un negocio/persona de familia? Los objetivos duros requieren un cambio profundo de identidad que puede llevar años o incluso décadas para materializarse. Por eso, son tan esenciales como los objetivos SMART que utilizamos para impulsarnos a través de los procesos de toma de acción y la construcción del ímpetu. Las metas duras pueden reforzar tu identidad si estás en una encrucijada en la vida y tienes una visión de en quién quieres convertirte pero te faltan las direcciones para llegar allí.

Las metas de H.A.R.D. (duras) son las siguientes:

➔ **H-EARTFELT (sentido)**

→ **A-NIMATED (animado)**

→ **R-EQUIRED (esencial)**

→ **D-IFFICULT (difícil)**

1) Sentido

¿Tu meta dura es una que se mantiene fiel a tus ambiciones, valores y creencias como persona? ¿Estás estableciendo tu meta por ganar dinero y complacer a otras personas, o es algo que siempre has querido lograr desde que eras niño? Si tu meta dura es comenzar un negocio, ¿lo estás haciendo para impresionar a tu cónyuge/parientes/amigos o es algo que siempre quisiste hacer por ti mismo? Pregúntate: ¿para qué he nacido? Una vez que tengas una respuesta a esta pregunta, sabrás si tu objetivo es sincero o no. A partir de ahí, puedes empezar a trabajar en tu meta o puedes cambiar completamente el itinerario de tu vida.

Definir metas duras es difícil porque afecta profundamente tu identidad, y cuestiona si las cosas que estás haciendo son lo correcto. A menudo, verás los lazos con tu pasado y cómo llegaste a dónde estás en la vida. Muchas veces, las personas persiguen metas que no son verdaderas y luchan porque van en contra de su naturaleza. Las metas sinceras te ayudan a cumplirlas y no solo a tener éxito. Este es el nivel más alto de fijación de metas porque cuestionas si las metas se relacionan con tus deseos intrínsecos o si has sido engañado y desviado del curso por influencias que no son verdaderas para tu corazón.

2) Animado

La realidad cotidiana del trabajo es diferente del plan de acción imaginario que creamos. Imagínate a ti mismo como un emperador romano viendo la batalla de los gladiadores. Parece fácil desde la silla, pero una vez que estás en el ring, se convierte en un juego completamente diferente. Lo mismo se aplica a las metas: las acciones que tomas diariamente serán diferentes a lo que has escrito. Esta es la razón por la que tienes que ser lo más realista posible para minimizar la diferencia entre los objetivos que te has fijado y las acciones que estás tomando en la vida real.

Por ejemplo, si tu jornada laboral máxima es de 10 horas, asegúrate de preparar objetivos para la producción que un día de 10 horas puede generar en términos de ingresos y productividad. Muchas veces nuestras metas proyectadas están por debajo de nuestra producción diaria real. Notarás que querrás hacer menos trabajo, tomar más descansos y experimentar más distracciones. Esta es la razón por la cual es posible que tengas que ajustar tus metas para lo que puedas hacer de manera realista, basándote en tu comportamiento histórico. Conócete a ti mismo y tu capacidad.

Si sientes que está holgazaneando, debes optimizar para mejorar tu rendimiento. Tus metas duras tienen que ser adyacentes a tus metas SMART diarias. Por ejemplo, si solo haces ejercicio 1 hora al día (meta SMART), no puedes esperar convertirte en un fisicoculturista profesional (meta dura). Sin embargo, si haces ejercicio de 5 a 10 horas al día, de repente podrás serlo en un año. Los pequeños pasos de acción que des diariamente tienen que estar alineados con las metas duras y la perspectiva de la gran imagen.

3) Esencial

Las metas duras deben ser críticas. No pueden ser una mera formalidad. Una meta dura tiene que ser crítica para tu existencia, y debes sentir un impulso inmediato para actuar por ella. Tienes que estar en lo profundo de tu ser, o no valdrá la pena perseguirlo. Pregúntate a ti mismo: ¿qué me pica ahora que no estoy actuando? ¿Tienes una idea de negocio y ves a gente abriendo negocios similares que tú podrías hacer mejor? ¿Esto pesa profundamente en tu alma? Si es así, debes tomar medidas.

¿Te preocupa perderse Bitcoin si no inviertes ahora? ¿Te preocupa que alguien tome tu idea de negocio si no lo haces ahora? Si la meta dura es sensible al tiempo y estás sintiendo un profundo impulso de actuar ahora mismo, es algo que debes perseguir. Si quieres perseguir una formalidad, definitivamente no es una meta dura. Por ejemplo, mudarse del vecindario a uno mejor es una meta SMART, pero ¿es realmente una meta dura que desafía tu identidad? No lo es. Una meta dura es algo que cambia quién eres y desafía tu visión actual del mundo sobre lo que consideras posible.

4) Difícil

Si los objetivos no son difíciles, no vale la pena perseguirlos. Si puedes hacer algo sin cambiar toda tu vida, ¡debes pensar en grande! Pregúntate a ti mismo: ¿Qué es lo más difícil que puedes hacer ahora mismo? La tarea que requerirá la mayor energía mental, las horas más largas en el trabajo, y la mayor cantidad de sacrificio por tu parte, esa es la meta dura. Las metas duras están pensadas para ser difíciles y desafiar a tu propio ser, con el fin de desencadenar el cambio que quieres extraer de la vida.

Evita establecer metas de dificultad media tales como "perder 5 kilos de grasa" u "obtener un ascenso en el trabajo". Esas son metas SMART. El enfoque correcto para establecer metas difíciles es apuntar a la cima. ¿Cómo puedes alcanzar el máximo estado físico de tu vida tu vida y tu potencial genético en el gimnasio? ¿Cómo puedes encontrar el trabajo mejor pago en tu industria y trabajar para la corporación más grande? ¿Cómo se puede iniciar una empresa rentable y convertirse en una de las marcas más exitosas del mundo?

Esta es una tarea difícil, una que puede requerir de 5 a 10 años de perseverancia, pero que le da sentido a tu vida en gran escala. Una tarea verdaderamente difícil desafiará tu existencia, te hará cuestionar tu curso en la vida y finalmente te permitirá llegar a ser lo que siempre has soñado ser.

Ejercicio: para definir sus metas duras, hazte las siguientes preguntas y escribe las respuestas en una hoja de papel:

- ¿Dónde quiero estar en 5 años?
- ¿Qué pretendo hacer al respecto?
- ¿Qué es lo que temo perderme en la vida?
- ¿Qué planeo hacer al respecto?
- ¿Qué cambio requerirá de mí?

Las respuestas a estas preguntas te darán una visión en términos de tus objetivos reales y sinceros a largo plazo. Una vez que hayas anotado las respuestas, puedes hacer una referencia cruzada de si tus metas duras son los valores mencionados anteriormente.

Los secretos para convertir tus metas en pasos alcanzables

¿Has decidido cuáles son tus objetivos y estás atascado en el punto de partida, pero no sabes por dónde empezar? ¿Estás demasiado abrumado con el proceso de fijación de metas, y las múltiples metas que te has fijado te confunden? ¿Tienes una gran lista de "cosas que hacer" y no sabes cómo priorizar tus objetivos? Fijar metas puede abrumar a una persona, porque está haciendo demasiados cambios a la vez. Si tu trabajo ocupa la mitad de tu día y, al llegar a casa estás cansado, ¿cómo se supone que vas a encontrar la energía para hacer ejercicio?

Digamos que quieres comenzar un negocio pero necesita $100,000 USD en inventario para comenzar. ¿De dónde sacas el dinero de la inversión? ¿Qué pasa con los malos hábitos y las adicciones? Si estás tratando de dejar el cigarrillo, el alcohol y las drogas, ¿cómo sabes cuándo es suficiente? El enfoque equivocado es tratar de hacer todo a la vez: te abrumarás. Podrás durar unas semanas, pero tu motivación disminuirá. El enfoque correcto es priorizar tus metas y actuar sobre cada una de ellas individualmente, hasta que tus acciones funcionen en conjunto.

La mayoría de las personas pierden la motivación después de 4 semanas. La razón principal de ello es que se fijaron metas demasiado altas y terminaron abrumados. Por ejemplo, si alguien trata de perder 12 kilos en 4 semanas, podría tener éxito durante la primera semana usando una dieta de inanición, pero luego volverá a sus viejos hábitos alimenticios cuando el hambre vuelva a aparecer. El enfoque más inteligente para ellos sería reemplazar sus alimentos por otros más sanos, lo que tomaría más tiempo que una dieta de inanición, pero sería también más consistente.

Si estableces altas expectativas, tu lista de metas va a estar llena. Esto puede ser negativo, porque si haces demasiadas cosas a la vez, perderás la noción del significado de esas cosas. Es fundamental dar prioridad a tus objetivos y asignar tus pasos de acción gradualmente. Es mejor asumir menos metas con más significado que muchas con menos significado.

Las metas se pueden convertir en pasos de acción con un simple proceso de 4 pasos:

1) No apuntes demasiado alto

Si apuntas demasiado alto, te decepcionarás si no lo logras. Por ejemplo, si tu objetivo es ganar $1 millón de dólares en 6 meses o escalar el monte Everest en 1 mes, es probable que fracases. Establece metas realistas basadas en tus competencias. Si no eres competente, retrasa tu meta hasta que la desarrolles. Si quieres escalar el monte Everest, no podrás prepararte en un mes. Sin embargo, si te preparas con un año de anticipación, hay una mayor probabilidad de que puedas escalarlo con 12 meses de práctica.

Si quieres convertirte en millonario, ponte una meta de 5 o 10 años. De esta manera, tendrás tiempo suficiente para desarrollar y hacer crecer un negocio, o para que te sitúe en lo más alto de la escala corporativa. El enfoque correcto es apuntar a objetivos moderados que se pueden lograr preparándose y actuando en pequeños incrementos. Si apuntas demasiado alto, te quemarás. La medida más efectiva para prepararte para metas realistas es imaginar una meta fácil y duplicarla.

Establece metas basadas en la evidencia del pasado. Si una vez has perdido 7 kilos en un mes, espera repetirlo. Si has ganado $100.000 dólares en un año, deberías poder replicarlo. En el primero, es un error aspirar a 22 kilos al mes o a $100.000 dólares en un mes en lugar de un año. Una vez que tengas pruebas o un patrón que puedas usar para juzgar tu desempeño, puedes planear con anticipación, porque tus metas se solidificarán con las pruebas del pasado.

2) Limita el número de metas

Digamos que tienes 10 objetivos en tu lista de objetivos: 1)mudarte a otra ciudad, 2)perder 12 kilos, 3)dejar de fumar, 4)conseguir un mejor trabajo, 5)dejar de beber, 6)viajar a la India, 7)conseguir a una pareja,8)aprender a tocar la guitarra, 9)levantarse a las 5 AM, 10)empezar a meditar. ¿Serán realistas todos esos objetivos en un año? La respuesta es sí, pero la gran cantidad de metas te abrumaría. El hecho es que, cuando te repartes entre docenas de objetivos, no sabes por dónde empezar y pierdes la concentración en los que importan.

La mayoría de la gente escribe metas que son completamente insignificantes para su crecimiento como persona; metas como aprender a tocar un instrumento o despertarse más temprano. Las metas significativas son metas que te impulsan hacia adelante ayudándote a dejar de ser un peso muerto, como las adicciones, y te ayudan a hacer grandes movimientos, como encontrar un trabajo mejor o comenzar un negocio. Limita la cantidad de metas que estás estableciendo, optando por un máximo de 3 metas al año, esas metas deben reflejar sus mayores deseos.

3) Ordena las metas por prioridad

Si no te gusta tu cuerpo, haz de él tu meta #1 para perder peso. Si no estás satisfecho con tu situación económica, concéntrate en encontrar un nuevo trabajo. Si tu salud está sufriendo debido a una adicción, haz que tu prioridad sea dejarla. Para priorizar las metas, identifica lo que desencadenaría el mayor cambio en tu vida. Por ejemplo, comenzar un negocio haría una diferencia mucho mayor que aprender a tocar la guitarra. Una vez que hayas reducido tus metas a solo 2 o 3 metas básicas que importan, debes clasificarlas según tu nivel de competencias.

Comienza con la meta en la que eres más competente, porque esto te dará la fuerza necesaria para avanzar hacia otras metas más difíciles. Si tienes que elegir entre perder peso, encontrar un nuevo trabajo o abandonar una adicción, empieza con la que estés más seguro de tener éxito: si tienes experiencia previa en acondicionamiento físico, empieza con la pérdida de peso. Si tienes experiencia cambiando de trabajo, busca primero uno nuevo. Si tu mal hábito no es una parte importante de tu vida, olvídatelo primero.

4) Reduce las metas en incrementos semanales

Divide tus metas en incrementos semanales o pequeños hitos que puedas tachar semanalmente. Comienza por "acercarte" a tu meta más grande. Si tienes una meta que te tomará 1 año alcanzar, establece hitos mensuales más pequeños. Una vez que los hayas establecido, establece hitos semanales que se incorporen a tus hitos mensuales más importantes. De esta manera, puedes concentrar tu atención exclusivamente en la producción semanal, y esa producción semanal se traducirá en una producción mensual gradual hasta que hayas alcanzado tu objetivo final anual.

La manera de ser eficaz con objetivos a gran escala que requieren mucho tiempo es empezar con algo pequeño. Recuerda esto: **eres la culminación de tus acciones diarias.** Si estableces un hito para cada semana y llevas a cabo tus tareas a diario, considérate exitoso. Esto se debe a que las semanas se acumularán, y eventualmente alcanzarás tus metas más grandes.

Cómo recompensarte por el progreso

¿Qué pasa si tienes éxito durante 2 semanas, te tomas un descanso e inmediatamente vuelves a caer en viejos hábitos poco saludables? ¿Qué pasa si dejas de fumar y regresas después de 4 semanas? ¿Te preocupa que si te tomas un descanso, pierdas impulso y todo su trabajo duro sea en vano? Muchas personas recaen en sus malos hábitos cuando se les deja salir de la jaula; se debe a que han sido mantenidos con correa durante semanas o meses tal vez, y empiezan a anhelar su viejo estilo de vida. Es extremadamente difícil cambiar tu forma de ser, pero para evitar el agotamiento, una persona tiene que tomarse tiempo libre y recompensarse a sí misma regularmente.

Para recompensarse sin volver a caer en tus viejos hábitos, es importante planificar pequeñas "recompensas" en consecuencia.

El primer paso es la planificación logística de tus recompensas. Por ejemplo, si dejas de fumar y quieres celebrarlo, es mejor reservar unas vacaciones en el extranjero que ir a una fiesta. Una vez que estés de vacaciones, podrás relajarte en la playa y tomar aire fresco, mientras que en una fiesta te sentirás tentado a volver a tu hábito de fumar. Si has cambiado tu dieta y ahora solo consumes alimentos orgánicos, debes tener cuidado de no caer en la tentación de tus viejas e insalubres formas de vida.

¿Por qué recompensarte ahora?

Recompensarte a sí mismo es útil por dos razones: 1) refuerza que tienes éxito y has cruzado un cierto hito; 2) ayuda a evitar el agotamiento en el trabajo. Las personas que trabajan duro a menudo pasan días enteros encerradas en sus oficinas para trabajar más duro y aumentar la productividad. Si lo hacen durante semanas, corren el riesgo de "quemarse" y, en esencia, de perder la motivación. Para evitar este proceso, hay muchas maneras de romper la cadena recompensándote de vez en cuando, hasta que estés completamente recargado y puedas volver a tu horario de trabajo. Si estás celebrando un pequeño hito, comienza con una pequeña celebración. Si has logrado un gran éxito, deberías considerar tomarte más tiempo libre para recompensarte, e incluso tomarte un mes entero de descanso.

Consejo profesional: recompensarte a ti mismo no se trata de publicar en los medios sociales. ¿Perdiste 2 kilos en una semana? ¿Dejaste de comer comida chatarra durante una semana? ¿Dejaste de fumar recientemente? Estos son hitos dignos de celebración, pero una recompensa tiene que llenarte espiritualmente, mostrándote un nuevo lado de la vida, uno que no es propenso a la validación externa.

Las siguientes son las mejores maneras de relajarse y recompensarte después de alcanzar un hito.

1) Resérvate un día de fin de semana de festejo

Reserva unas vacaciones de fin de semana en un lugar que no se parezca en nada a tu oficina: la montaña, la playa, el lago; naturaleza de todo tipo. Olvídate del sonido de las computadoras y los teléfonos, y desconéctate de la sociedad moderna. Si has estado trabajando durante semanas, tu cuerpo está lleno de la hormona de cortisol. Para eliminarlo de tu sistema, tienes que cambiar completamente tu entorno. Hay os vuelos baratos que puedes reservarlos por adelantado para descansar, tanto más barato como motivador, ya que estarás esperando una recompensa mientras trabaja.

Es posible viajar con un presupuesto limitado volando con aerolíneas baratas y alojándose en viviendas baratas, o incluso en casas compartidas, si eres joven. Haz que tu destino sea lo más diferente posible a tu lugar de trabajo actual. Si trabajas en un lugar muy concurrido, haz de tu destino un lugar tranquilo donde puedas sentarte y no hacer nada. No exageres. La mayoría de las veces, 1-2 días en la playa es suficiente. Siéntate junto al mar y escucha las olas por la noche. Mira las estrellas. Tómate tu tiempo para pensar en lo que hiciste en retrospectiva y en los grandes proyectos futuros que tienes por delante. Trata de meditar en tus pensamientos, te liberará de cortisol, y te recargará. Te recompensarás cambiando tu entorno y tu cerebro reforzará el hecho de que eres exitoso.

2) Crea una noche de película

Los humanos son criaturas sociales. Históricamente, evolucionamos para vivir en tribus de 150 personas, y millones de años de evolución después seguimos viviendo cerca de otras personas. Esto nos hizo anhelar la actividad social, y el compromiso con la gente nos hace más relajados. Si te sientes incómodo en las fiestas debido a las altas cantidades de alcohol, una noche de cine es la recompensa perfecta para ti. Invita a tus amigos y familiares más cercanos a ver una película o una comedia de Netflix. Cocinas palomitas de maíz y pasa la noche viendo películas. Si has logrado un gran éxito, puedes incluso beber y pedir chatarra para la noche: te lo has ganado. Termina tu noche de película preparando un agradable baño de burbujas con vino hasta altas horas de la noche. De esta manera puedes socializar y relajarse, y luego completar tu relajación con un largo baño de terapia relajante.

3) Explora la ciudad

Conoce tu ciudad y haz la primera actividad que encuentres. Ve a un partido de fútbol, a una atracción turística, a un bar, participa en un festival, si es que vives en una ciudad importante donde hay actividades las 24 horas del día. Las ciudades están llenas de opciones de entretenimiento que pueden proporcionarte actividades divertidas las 24 horas del día. ¿Extrañas los días de tu infancia cuando eras despreocupado y conducías autitos de juguete? Ve a buscar uno e invita a tu amigo. Esto te hará sentirte despreocupado y podrás combinar varias actividades a la vez. ¿Qué tal si ves un nuevo éxito de taquilla en el cine y terminas la noche con una visita a tu bar favorito? Tu ciudad probablemente tiene muchas atracciones escondidas y áreas que puedes explorar. Si no quieres gastar dinero, puedes caminar y escuchar música. Caminar es una actividad muy meditativa, porque te permite sumergirte en la energía de la ciudad.

4) Cómprate un regalo

Imagina que es tu cumpleaños y cómprate algo que siempre quisiste pero que no tuviste el valor de comprar porque eras ahorrativo. ¿Querías comprar iPhone nuevo, pero no has hecho? Recompénsate comprándotelo. Ve a tu librería favorita y cómprate un libro nuevo. Haz un viaje a los grandes almacenes y prueba un par de jeans. Ve a comprar un nuevo par de Nike; el consumismo de la vieja escuela puede relajarte. Comprar puede hacer que te sientas nuevo y refrescar tu sentido de la moda. Sea lo que sea que te hayas perdido, recompénsate comprando un artículo que siempre quisiste.

Cuatro maneras de crear un entorno favorable para los objetivos

¿Vives en un hogar ruidoso donde no puedes hacer nada porque los ruidos lo interrumpen? ¿Tus vecinos son ruidosos y te interrumpen constantemente mientras estás tratando de hacer tu trabajo? ¿Tu escritorio está desordenado y desorganizado y luchas por organizar tus pertenencias? El entorno en el que resides repercutirá en tu productividad, al igual que las personas que te influyen.

Bruce Lee solía decir: "Si pones agua en una taza, se convierte en la taza. Si pones agua en una botella, se convierte en la botella". En otras palabras, tú eres un producto de tu entorno. ¿Qué sucede cuando tu entorno está por debajo de tu nivel y te impide alcanzar tu máximo potencial productivo? Es hora de limpiar la casa. Esto puede significar la organización de tu espacio vital actual, o puede significar el reemplazo completo de tu espacio al mudarte a un nuevo vecindario. El ambiente físico en el que resides dictará tu producción de energía. Para aprovechar al máximo tu energía, tienes que vivir en un tipo de ambiente que propicie la productividad.

Las siguientes 4 técnicas te ayudarán a crear un ambiente favorable para tus objetivos:

1) Limpia tu habitación

Para ser productivo, tienes que minimizar el espacio de tu oficina a las herramientas esenciales que necesitas: el escritorio, la silla, la computadora y/o cualquier otra herramienta necesaria para el trabajo. Tira todo lo demás a la basura. Si tu entorno está repleto de comida, cajas de pedidos de eBay, productos electrónicos, ropa y otras cosas sucias, esto se reflejará en tu productividad, porque estarás constantemente distraído por todo lo que te rodea. Lo mismo se aplica al ordenador: limpia tu escritorio y coloca cada ícono de distracción, como juegos y música, en una carpeta separada.

Solo deja en el escritorio el software más importante. Si tu habitación está sucia, tómate un día completo para limpiarla y deshacerse de cualquier artículo que no sea crítico para tu productividad. Regala tu ropa vieja a la Cruz Roja. Asegúrate de que tienes libertad para mover las manos y de que estás sentado en una posición adecuada, si estás trabajando en un escritorio. Tu espalda estará exhausta por los turnos de 10 horas de trabajo, y debes darte la contención adecuada. Una vez que hayas eliminado todos los elementos innecesarios y tu habitación esté limpia, estarás listo para empezar a producir.

2) Muévete a un área diferente

¿Vives en un área que es demasiado ruidosa y distrae? Si contestaste que sí, muévete. La diferencia en productividad que experimentarás compensará la pérdida de la vida en un ambiente libre de alquiler. Encuentra un nuevo apartamento en una zona tranquila donde puedas concentrarse al 100% en tu trabajo. Esto te permitirá minimizar todas las distracciones y maximizar la productividad. La mudanza es una táctica radical, ya que muchas personas firman contratos de alquiler de propiedades que expiran después de 6 meses o un año. Sin embargo, el aumento de la productividad merece la pena.

Se recomienda mudarse incluso si tu situación interior es ideal pero el área es demasiado dañina para sus objetivos. Si vives en un área céntrica de la ciudad donde los bares tocan música fuerte por la noche, esto afectará tu sueño. Trata de vivir en un área que sea adecuada para tus objetivos. Por ejemplo, si quieres perder peso y vives en un área con muchas panaderías y restaurantes de comida rápida, muévete a un lugar donde haya tiendas de alimentos saludables y senderos para correr. De esta manera, puedes hacer ejercicio y comprar buena comida en lugar de ser tentado por comida poco saludable.

3) Corta las malas influencias

Si algunas personas, como tu pareja o incluso tus padres, te están frenando, interrumpiendo tu horario, córtales el paso. Nuestros hábitos están formados por las personas con las que nos rodeamos, y si las personas más cercanas a ti no están alineadas con tus objetivos, esto puede crearles inconvenientes a ambos. Es prudente romper temporalmente el contacto con las personas para ver si marcan la diferencia. Por ejemplo, si te quedas en el lugar de tus padres para ahorrar dinero pero te hacen sentir como una molestia, es mejor que te mudes. Tu productividad aumentará una vez que estés libre para trabajar en tu propio espacio vital. Si tienes amigos con malos hábitos que te influyen directa o indirectamente, córtalos hasta que dejes de lado tus malos hábitos y ellos ya no puedan influir en ti. A veces, puedes poner fin a las relaciones temporalmente y reiniciarlas una vez que hayas ganado terreno en tu productividad.

4) Ve a un ambiente favorable para las metas

La sociedad moderna cuenta con espacios y entornos que se adaptan a las necesidades de las personas orientadas a objetivos. Los ejemplos más notables son los clubes de meditación y los espacios de trabajo conjunto. Los espacios de cotrabajo son un invento relativamente nuevo para las personas creativas que quieren trabajar en red. Una persona puede unirse a un espacio de cotrabajo comprando una tarjeta de membresía similar a un gimnasio. Esto les permite establecer contactos con personas de ideas afines y concentrarse cuando necesitan trabajar. Hay muchos clubes, como los clubes de meditación, donde una persona puede aprender una nueva habilidad y organizarse con personas que están familiarizadas con la práctica. Si no puedes crear un entorno favorable a tus objetivos, puedes unirte directamente a uno ya existente.

Capítulo 4: Técnicas para aumentar los resultados

Transforma tu vida con el método de hacer las cosas (GTD)

¿Olvidas las cosas pequeñas? ¿Te has recordado a ti mismo que necesitas hacer algo durante todo el día y luego terminas olvidándote de ello? Un día en el trabajo, tu jefe te encarga que traigas un documento para trabajar en él. Vuelves a casa y te vuelves paranoico, tu mente piensa: "consigue ese papel". Mientras comes y acaricias a tu perro, empiezas a pensar en esos papeles de negocios; haces *footing* pensando en ellos por la noche, y casi te tropiezas en las escaleras, y en la cama te encuentras despierto a las 3 de la mañana pensando en los mismos papeles .

A la mañana siguiente, ¿qué pasa? Te distraes con las noticias del conflicto en Siria, ves a tu perro hacer un desastre en la cocina, tu mujer te empieza a hablar de las facturas impagas, ¿y qué es lo último en lo que piensas? En los papeles de los negocios. Es cierto, lo olvidaste. Una técnica muy popular que te ayuda a recordar y organizar tu vida es el método GTD de David Allen.

El método "Get Things Done" (GTD), o el método de hacer las cosas, fue inventado por David Allen, un experto en consultoría de productividad con más de 30 años de experiencia. El libro se convirtió en uno de los más emblemáticos y vendidos de todos los tiempos. El método GTD es un método de 5 pasos que se centra en escribir todo lo relacionado con la mente, eliminar lo innecesario y convirtiendo los pensamientos "accionables" e "inaccionables" en "tareas de trabajo" apropiadas.

GTD no es para todos; es un sistema para personas que tienen tiempo para considerar todo y desean tomar el control de su vida reevaluando sus decisiones. Ejemplo: tu jefe te encarga que traiga los papeles del negocio al trabajo. ¿Cuál es tu "recordatorio" aquí? El método GTD explica que el "recordatorio" tiene que ser removido de tu cabeza escribiéndolo. Básicamente lo conviertes en un "objeto de acción" en un papel. Podemos convertir de forma efectiva todas las tareas planificadas en elementos de acción y organizarlos por prioridades. Esto hace que nuestra atención pase de pensar en los recordatorios a hacer a tomar medidas prácticas. La técnica GTD se centra en tareas importantes, por lo que todas las que requieren menos de 2 minutos para completarse no deben ser anotadas.

La Técnica GTD es un proceso de 5 pasos:

Paso 1: capturar.

Paso 2: aclarar.

Paso 3: organizar.

Paso 4: reflexionar.

Paso 5: activar.

Cómo funciona: la técnica GTD se basa en tomar nota de todos tus "incompletos" (cosas que tienes que hacer), y luego decidir si los "incompletos" son 1) "accionables" (sobre los que debes tomar acción) o 2) "inutilizables" (sobre los que no puedes hacer nada); luego debes tomar acción centrándote en los elementos de trabajo más importantes que has escrito. La técnica GTD requiere un completo "*brain dump*", o vaciado de cerebro, para anotar todo lo que le preocupa a tu mente.

Una vez que hayas completado tu descarga cerebral, tienes que dividir lo incompleto en dos formas: accionable e inaccionable. Se descartan los incompletos no accionables, mientras que los accionables se priorizan en función de cuál de ellos tiene el mayor impacto en tu vida y productividad. El método GTD requiere mucha reflexión y no se puede hacer de una sola vez. Debes estar preparado para pasar, al menos, unas horas reflexionando sobre las cosas que ocupan tu mente, escribiendo cada pensamiento y decidiendo cuál tendría el mayor impacto en tu vida.

Paso 1 - capturar

El primer paso del método GTD es escribir lo que preocupa a tu cerebro. Efectivamente, estamos tratando de completar un vacío de cerebro y escribir todo lo que llega a él. No importa si los pensamientos están relacionados con el trabajo, la familia, el negocio o el clima. Lo que importa es que, si algo está en tu mente, debe ser escrito. Los pensamientos pueden ser de gran, pequeña, o mediana importancia. Pueden ser de naturaleza personal, profesional o de otro tipo; anótalos todos. Consigue un pedazo de papel y escribe el 100% de todo lo que te preocupa. Este proceso puede tomar un tiempo, porque el ser humano promedio tiene cientos de pensamientos, pero por lo general giramos por los mismos 40-50 en una base diaria, y estos deben ser los anotados. Anota incluso los temas que no estén relacionados con tu trabajo.

Ejemplo: digamos que tienes un lunar en la cara que afecta la confianza en ti mismo y deseas visitar una clínica de para quitártelo. Anótalo. Digamos que planeas viajar a la India y has tenido esto en tu mente por años. Anótalo. Supongamos que estás a punto de iniciar un nuevo negocio, y no sabes cómo conseguir distribuidores para él. Anótalo. Deshazte de todo; tómate tu tiempo y no te apresures. Imagínate si una especie alienígena descendiera de otra galaxia y escaneara todo tu cerebro: ¿qué encontrarían? Hazlo por ti mismo, pero solo escribe lo que piensas. Vuelca tus pensamientos en un pedazo de papel.

Paso 2 - aclarar

Tu vacío cerebral debe tener, por lo menos, 50 pensamientos sólidos escritos; clasifícalos en elementos "accionables" e "inaccionables". La diferencia es que para uno se puede actuar y para los otros no se puede hacer nada. Simplemente asígnales una flecha hacia la derecha a cada pensamiento para clasificarlo accionable o no accionable. ¿Cómo sabes la diferencia? Si tienes una idea sobre cómo has sido rechazado por tu amor de la escuela secundaria, esto es "inaccionable"; no puedes conseguir una máquina del tiempo y volver atrás. Si tu pensamiento es sobre cómo necesitas perder 7 kilos en 3 semanas, esto es "factible". Clasifícalo como accionable y sigue adelante.

Una vez que hayas escrito una lista completa de elementos accionables e inaccionables, desecha estos últimos elementos a la basura. Esto dejará sobre la mesa solo las acciones a las que se puede recurrir, acciones a las que deberías dedicar tu vida. Enfócate en remover los objetos inaccionables de tu cabeza porque obstaculizan tu productividad y te roban energía mental.

Paso 3 - organizar

Ahora te quedaste con elementos que pueden ser objeto de acción, elementos sobre los que puedes tomar medidas concretas. Para proceder, debes clasificarlos de manera que dividas los que puedes lograr en un futuro inmediato o a largo plazo. Esto se basa en tus competencias y en el tiempo necesario para llevar a cabo cada paso a seguir.

Ejemplo: si tu objetivo accionable es abrir una librería, es posible que tengas que retrasarlo en favor del trabajo diario que te permitiría ahorrar lo necesario. Todos estos pensamientos son accionables, pero algunos requieren más tiempo y esfuerzo. Ésta es la razón por la cual tienes que priorizar tus planes accionables en base a cuál de ellos puedes hacer primero. Puedes dividirlos en pasos de acción diarios, semanales, mensuales y anuales. Las acciones anuales deben reflejar tus objetivos a largo plazo, mientras que tus acciones semanales y diarias deben ser actualizadas en base al trabajo y los proyectos que surgen diariamente, que son más dinámicos.

Paso 4 - reflexionar

Los pasos micro actuales requerirán cambios semanales, porque tu vida semanal es dinámica. Si bien muchas de las grandes medidas que se pueden tomar son claras y requieren un compromiso más largo, las que manejamos a diario cambiarán según las circunstancias. Digamos que quieres ahorrar $20,000 USD en un año; no puedes hacer mucho al respecto inmediatamente. Sin embargo, puedes concentrarte en ganar $500 USD a la semana, lo que en última instancia te llevaría a ahorrar $20,000 USD en un año.

Si te enfocas en ahorrar $500 USD a la semana, habrá tareas diarias y semanales que tendrás que realizar para lograrlo. Por ejemplo, es posible que necesites aumentar tu productividad en el día a día, y debes anotar tus pasos accionables para las pequeñas metas semanales que te has fijado, que en última instancia conducen a una meta más grande. Toma cada semana para revisar tus metas y cambiarlas para asegurarte de permanecer en el camino correcto.

Paso 5 - acoplar

El paso final y el más crucial, una vez que hayas completado tu "vaciado de cerebro", hayas organizado tus pasos de acción y tengas un plan semanal, todo lo que te queda es tomar acciones concretas. Mantén una lista semanal de los pasos de acción a realizar. Esto despejará tu cerebro, porque no se verá afectado por cosas que no son factibles, y puedes concentrarte al 100% en las acciones que sí afectan tu vida. Programa revisiones semanales y agrega nuevas acciones a medida que tus proyectos cambian, pero recuerda reevaluar y dar un paso atrás cada 2-3 meses en caso de que tengas nuevas prioridades y ocupaciones. Esto te asegurará que siempre estará en la cima de tu vida, y que estarás completamente organizado en la forma en que trabajas en tu productividad.

Lograr más con la técnica pomodoro

¿Te agotas en el trabajo haciendo una tarea de 30 minutos, y terminas cayendo en las redes sociales? ¿Tal vez haces de 2 a 3 tareas en un solo tirón de energía y ya has tenido suficiente? ¿Quieres morir cuando tu jefe se enfoca en que hagas varias cosas a la vez y parece que no puedes hacer ni una? Muchas personas comienzan a tomar píldoras de "enfoque" y terminan siendo adictas a los medicamentos recetados.

Incluso aquellos que trabajan desde casa, luchan con la productividad. ¡Todos hemos pasado por eso! En el momento en que tienes que trabajar, de repente también tienes que ducharte, tomar una taza de café, escuchar esa nueva canción, limpiar tu cuarto sucio; cualquier cosa para evitar hacer el trabajo. Realmente creemos que debemos hacer esas cosas, pero en el fondo sabemos que lo que estamos haciendo es procrastinar. Si eres perfeccionista, tendrás que luchar contra esto aún más, porque subes los estándares, y te lleva horas empezar a hacer algo y aun así, terminas con una producción mínima al final del día.

¿Cómo lo superas? La respuesta: divide tu día en pomodoros, con pequeñas pausas entre ellos.

El cerebro tiene una capacidad limitada. No puede concentrarse en una sola tarea durante todo un día, y requiere descansos periódicos. Desafortunadamente, la mayoría cree que, para tener éxito, tienen que hacer una temporada de 8 horas de trabajo sin parar durante la jornada laboral. Esta es la razón por la que la sociedad moderna es adicta a las píldoras recetadas que alteran nuestra química cerebral, e incluso los estudiantes están tomando Adderall para concentrarse más. Dado que alterar la química del cerebro no es saludable, la manera correcta es tener en cuenta los deseos naturales del cerebro de relajarse después de concentrarse, y planificar un día productivo con anticipación, anticipando el equilibrio entre el trabajo y la pausa. Es totalmente posible crear tu propio horario que te permita concentrarse en tareas pequeñas durante 45 minutos y luego tomar descansos entre sesiones para evitar el agotamiento. La técnica que se centra en ser productivo durante un cierto tiempo y luego seguir con una pausa periódica es la "técnica pomodoro".

Pomodoro: sesiones de trabajo de 25 minutos para el éxito

La técnica pomodoro es una famosa técnica de productividad iniciada por Francesco Cirillo, un chef italiano que descubrió que observando su reloj durante 25 minutos y luego tomando un descanso, era capaz de cocinar más y hacer mejores comidas para su restaurante. Tenía un reloj de cocina con forma de tomate con el que solía trabajar.

Cirillo dividió sus sesiones en fracciones de trabajo de 25 minutos que él llamaba "pomodoros", cada una seguida de un breve descanso (de 3 a 5 minutos) para relajarse. Se manejó de esta manera durante todo un día, y una vez que completó 4 pomodoros, se tomó un descanso más largo de 30 minutos.

La técnica pomodoro es una técnica que optimiza el cerebro para la producción de trabajo, pero luego lo relaja para evitar el agotamiento. Esto sigue un ciclo natural que responde a nuestra naturaleza evolutiva. Cuando solíamos cazar en el desierto, hace millones de años, normalmente encontrábamos un animal, luchábamos por matarlo, y luego nos tomábamos un descanso. No anduvimos por ahí con lanzas 24 horas al día, 7 días a la semana. Nuestro cerebro tiene que recibir pausas periódicas para preservar la claridad y la cordura. Lo ideal es que esos descansos se realicen de 5 minutos cada 25 minutos de trabajo, y un0de 30 después dc 4 pomodoros exitosos.

Cómo funciona pomodoro: un día normal

La manera más fácil de imaginar un día normal en la técnica pomodoro es dividir el día en 4 o 5 pomodoros completos (2 horas cada uno) que se dividen; un pomodoro completo es de 2 horas, porque se divide en 4 mini pomodoros de 25 minutos. Una vez que hayas hecho 6 pomodoros completos, considera tu día de trabajo un éxito. Cuatro pomodoros completos corresponden a una jornada laboral media de 8 horas.

Por ejemplo, comienza con un mini pomodoro al despertar. Tómate 25 minutos para trabajar, luego 5 minutos de descanso y repítelo 3 veces más. Esto te tomará un total de 2 horas. Una vez que termines, borra un pomodoro completo de tu lista. Descansa 30 minutos, toma un poco de aire, escucha una canción y haz lo contrario de lo que hiciste: desconectar.

Cuando trabajas, debes estar 100% comprometido con la tarea para lograr la máxima productividad, pero una vez que estás en descanso, haz lo contrario y permite que tu cerebro se recupere sin añadirle presión. Una vez que hayas hecho tu primer pomodoro y te hayas tomado un descanso más largo de 30 minutos, repite el proceso 2 o 3 veces más antes de parar a almorzar. Tendrás, efectivamente, 3-4 pomodoros completos para la hora del almuerzo; esto son 6 duras horas de trabajo por la mañana. A la hora del almuerzo, tómate una hora de descanso para recuperarte por completo. A continuación, haz 2 pomodoros más; esto optimizará tu día para, al menos, 8 horas de trabajo. Si deseas trabajar 10 horas al día, o incluso 15, puedes añadir 2-3 pomodoros adicionales.

Las 4 reglas de pomodoro

1. Las actividades no deben requerir más de 4 pomodoros

Si una actividad requiere más de 4 pomodoros (es decir, más de 8 horas de trabajo), debes dividirla en pequeños pasos. Por ejemplo, si tienes que hacer una presentación en

PowerPoint con 50 diapositivas y 10 diapositivas te llevará alrededor de 2 horas, debes dividir esa actividad en 4 pomodoros completos. De esta manera, completarás la mitad de las diapositivas en 2 pomodoros completos. No puedes introducir más trabajo en un pomodoro, ya que esto va en contra de las reglas; una vez que hayan pasado los 25 minutos, debes tomar un descanso de 5 minutos o de 30 minutos cuando corresponda. Todas las tareas grandes, que requieren más tiempo del que se da, deben dividirse en pequeños pomodoros de 25 minutos. Averigua con antelación cuánto tiempo requerirán tus actividades para optimizar tus pomodoros.

2. Los pomodoros deben ser protegidos de las interrupciones

Todas las interrupciones internas y externas deben ser eliminadas, para que un pomodoro sea considerado legítimo. No puedes trabajar durante 15 minutos y luego navegar por Facebook o hablar con un colega en el trabajo. De forma óptima, debes estar concentrado al 100% durante el pomodoro, y estar en un entorno que fomente la productividad. Prepara tu entorno minimizando el desorden, eliminando elementos innecesarios y distanciándote de las influencias que te distraen del trabajo, ya sea Internet, personas o cualquier otra distracción. Concéntrate durante el pomodoro para proteger tu productividad.

3. En el método pomodoro, las revisiones cuentan como trabajo

Se permite recapitular y revisar el trabajo durante un pomodoro, porque esto se relaciona directamente con la productividad. Ejemplo: si eres chef en un restaurante y estás al final del día laboral, necesitas tomarte un tiempo para escribir los ingredientes que tienes que comprar para el día siguiente, cuánto necesitas de cada uno, cuántos pasteles necesitas hornear y demás. Te ayuda a organizar el día, y además se contabiliza en la productividad, y puede medirse con un solo pomodoro. Si recapitulas y revisas tu trabajo, también se considera trabajo, bajo las reglas de pomodoro.

4. Optimizar pomodoros para los objetivos personales

Optimiza tus pomodoros para tomar acciones que generen valor. En esencia, el único momento en que obtenemos valor es cuando producimos valor a cambio; significa que, para ganar más dinero y ser ascendido en el trabajo, debes aumentar la calidad de tu producción. ¿Cómo se hace eso? Centrando toda tu atención en las pequeñas tareas que te permiten aumentar tu rendimiento. La mayoría de las personas pasan entre el 30% y el 40% de su jornada laboral trabajando, y el resto lo dedican a distraerse o a no hacer nada en absoluto. Si solo optimizas tu jornada laboral para trabajar al 80% de tu capacidad con el tiempo dado, puedes duplicar tu productividad y aumentar tus ingresos por un margen enorme.

Cuatros hábitos productivos del método "de Zen ha hecho"

¿Tienes dificultades para mantener tus hábitos cotidianos? ¿Retrasas tus hábitos "productivos" indefinidamente y terminas haciendo la mitad de lo que se supone que debes hacer? Organizarte puede ser agotador y confuso, porque estamos abrumados por las influencias del mundo externo, y es difícil desentenderse y concentrarse en lo que es realmente importante. Nos bombardean con estímulos en los medios sociales que nos animan a ir por el camino de la menor resistencia, e incluso lo contrario es cierto: los hábitos de productividad pueden atascar nuestra mente, porque hay demasiado de ellos y no sabemos cuál es el mejor o por dónde empezar. El método "de Zen ha hecho" es el método de productividad más simplificado y minimalista que optimiza la productividad en 4 hábitos básicos que se realizan en el día a día. Este método fue desarrollado por Leo Babauta de "Hábitos Zen" para descomponer un día en hábitos paso a paso basados en objetivos individuales.

El elemento humano de la productividad

Hay un elemento humano en la productividad: no podemos funcionar como robots que trabajan durante 30-40 minutos y luego se apagan constantemente. En realidad, a menudo experimentamos picos y descensos de productividad, sentimos una oleada de energía y después una disminución. Algunos días estamos en la cima del mundo y podemos trabajar sin parar, y otros nos quedamos sin energía y parece que no podemos hacer nada. La pregunta es: ¿cómo ganamos consistencia? Si el elemento humano nos impide actuar de la misma manera todos los días y las técnicas populares no pueden trabajar con consistencia, ¿cuál es el enfoque correcto?

El enfoque ZTD tiene en cuenta el elemento humano al centrarse en patrones de comportamiento amplios. ZTD se enfoca en comportamientos que pueden ser replicados diariamente, independientemente del estado de ánimo o los niveles de energía. El método ZTD comienza analizando tus planes más amplios, trazando efectivamente metas a largo y corto plazo, y luego enfocándose en programar pasos de acción que puedes hacer diariamente para obtener los resultados que buscas.

Los 4 hábitos del método "de Zen ha hecho"

El método *Zen to done* original incluía 10 hábitos, pero el ZTD minimalista (que es el más popular) se compone de 4 hábitos básicos:

Hábito ZTD #1: recolectar

La técnica de ZTD se centra en dejar salir todas las ideas en una sola hoja de papel: haciendo un vaciado de cerebro escribiendo todo lo que tienes en mente. Si te quedan ideas de negocios por realizar, escríbelas. Si tienes cosas que te gustaría mejorar, como tu salud o malos hábitos, escríbelas todas. No debería haber ninguna diferencia entre dejar de fumar y comenzar un negocio; ambos son pasos de acción que debes tomar y anotar. Toma un pedazo de papel o abre una nota en tu computadora y escribe todas tus metas y cosas que planeas hacer este año.

Dedica una página a tus metas y otra a los planes de acción que necesitarás para alcanzarlas. Tómate tu tiempo, ya que el primer hábito es el más importante: puede que te lleve horas recordar todas las cosas que has querido hacer y las que te molestan a diario. Si eres pobre y quieres tomar medidas para hacerte rico, escríbelo. Si no estás en forma y planeas ponerte en forma, escríbelo. Si eres adicto a una sustancia y quieres dejar de fumar, anota eso. Anota todo.

Consejo profesional: para encontrar lo que hay que escribir, sal a caminar tarde por la noche y deja que tu mente se relaje. Ponte música y deja que los pensamientos entren en tu cabeza de forma natural. Una vez que los tengas, escríbelos en el teléfono. Esto es mejor que forzar a tu cerebro a hacer cosas mientras estás encerrado en casa.

Hábito #2 de ZTD: proceso

Una vez que hayas escrito todo , es hora de convertir tus pensamientos en pasos de acción diarios que puedas seguir. Ejemplo: si tu objetivo es perder 12 kilos, es probable que tengas que tomar múltiples medidas: hacer ejercicio, reemplazar tu nutrición, beber más agua, desestresarte, etc.

Para lograr todas esas cosas a la vez, tendrás que escribir lo que tendrías que hacer en un día normal. Tal vez tengas que levantarse más temprano para hacer ejercicio por la mañana; escribe eso. Tal vez tienes que comprar ropa de gimnasio y aprender a cocinar alimentos saludables; anota eso. Por la noche, si planeas correr y levantar pesas en el gimnasio, escríbelo. En esencia, tienes que escribir los nuevos hábitos que se requieren de ti cada día con el fin de lograr tus objetivos a largo plazo.

Hábito #3 de ZTD: planificar

Una vez que hayas escrito tus planes de acción diarios y tus nuevos hábitos, es importante que revises tus planes de acción basándote en las cosas que has logrado. Lo que planeamos y lo que hacemos en la vida real es muy diferente. Por ejemplo, podemos planear correr durante 30 minutos a la noche, pero nuestros niveles de energía bajan después de 10 minutos cuando realmente lo intentamos. Es por eso por lo que tenemos que optimizar para aumentar progresivamente el ejercicio haciendo 5 minutos más cada semana. De esta manera, en 4 semanas podremos lograr una carrera de 30 minutos, una vez que nuestra condición física mejore. La misma práctica se aplica a la productividad en el trabajo: aumenta progresivamente tu carga de trabajo y actualiza tus planes de acción en función de tu rendimiento.

Hábito ZTD #4: hacer

Una vez que hayas planeado todo, ¡hazlo, hazlo, hazlo! Todo se reduce a la acción. Te has quitado el desorden de la cabeza, has escrito tus metas y ahora tienes que tomar las acciones que producen los resultados. Empieza por programar cuándo vas a realizar una determinada acción en función de la hora. Ejemplo: pon tu despertador a las 5 AM y levántate temprano para trabajar. Fija los hitos que deseas alcanzar para el mediodía. Actualiza tus logros todos los días y edita tus planes de acción en consecuencia. Una vez que estés realmente comprometido con tus tareas diarias, te tomarás consciencia, en términos de la cantidad de trabajo que puedes asumir y aumentar tu rendimiento progresivamente con el fin de mejorar la producción.

¿Cómo llevar un registro de la productividad?

La computadora. Anota tus tareas diarias y semanales en una lista en la computadora. Es ideal si estás trabajando desde casa, o si dependes de ella para trabajar. Puedes editar tus planes de acuerdo con los cambios. Muchas veces, necesitamos alterar nuestras metas una vez que alcanzamos los hitos, y tu plan de acción requerirá una edición constante. La computadora es el mejor lugar para hacer esto.

Aplicaciones para *smartphones*. Encuentra una aplicación de notas que te permita escribir tus pasos de acción, o una que tenga recordatorios diarios en caso de que se te olvide algo. Utiliza el despertador para recordarte cuándo debes hacer algo determinado. Si corres a las 10 PM cada noche, ponte un despertador a las 9:30 PM. De esta manera, tienes 30 minutos para prepararte para la carrera, tanto física como mentalmente.

La técnica de consistencia de no romper la cadena"

¿Te las arreglas para mantenerte en el buen camino con un objetivo y mantener el hábito durante un mes, tres meses o incluso medio año, pero luego tu rendimiento es insatisfactorio? ¿Tienes dificultades para aumentar tu producción anual y estás atascado en el mismo nivel salarial hace años, cuando sabes lo que necesitas hacer para aumentar tus ingresos? ¿Te preguntas por qué te pasa esto mientras tus conocidos progresan?

La respuesta es simple: no estás haciendo lo suficiente. Incluso si eres constante, lo más probable es que estés perdiendo un día o dos cada semana, y no estés maximizando tu tiempo para obtener una mejor productividad. La consistencia es un problema gigantesco para las personas que intentan reinventarse a sí mismas. A pesar del "empuje" inicial, nuestra biología finalmente nos intenta atar a la estabilidad. A menos que asumamos nuestros nuevos hábitos como parte de nuestra identidad, eventualmente regresaremos a nuestra antigua forma de vida. El mayor problema es cuando pensamos que somos consistentes pero terminamos perdiendo días que podríamos usar productivamente. ¿Cómo no romper la cadena de productividad? Usando todos los días.

Solución #1: Usar todos los días del año

Reevalúa tus días libres: incluso si te estás matando en el trabajo y estás satisfecho con tu rendimiento diario, deberías ser consciente del tiempo perdido. Permite haber mantenido tu hábito de trabajo por un año; has estado trabajando por tu sueño pero todavía no has logrado tu meta deseada. La solución: trabajar todos los días del año. Nos dan 365 días al año. Si trabajas 5 días a la semana, puedes pensar que eres consistente, pero aléjate y toma una perspectiva a gran escala; estás perdiendo 8 días al mes o casi 100 días al año. Los fines de semana perdidos se acumulan, y una vez que pierdes de 8 a 10 días al mes debido a días de descanso y festivos, te estás robando a ti mismo más de 100 días que podrías haber pasado trabajando y aumentando tu productividad. Eso es casi un tercio del año desperdiciado.

Solución #2: trabaja como si te estuvieran auditando

Si deseas aumentar tu productividad en el día a día, implementa este truco: trabaja como si te estuvieran auditando. Éste es un enorme hábito mental que entrena tu cerebro para utilizar cada minuto para mejorar la productividad. La mayoría de la gente trabaja de 2 a 3 horas en una jornada laboral media de 8 horas; el resto se lo pasa navegando por Internet, hablando con colegas, sentados en la sala de estar o sin hacer nada. Si tu trabajo depende únicamente de la producción, es decir, tus ingresos se miden en función de lo que produces y no del tiempo empleado, debes utilizar esta técnica para producir más en el tiempo indicado.

Ejemplo: echa un vistazo a tu día. Si alguien audita tu día de la misma manera que audita sus finanzas, ¿qué descubrirá? ¿Has pasado cada minuto de tu día laboral trabajando, o has holgazaneado en Internet? ¿Has tomado descansos más largos que las sesiones de trabajo? Identifica tu problema y arréglalo inmediatamente. Si aplica una auditoría rígida y exhaustiva a tu rendimiento diario, descubrirás áreas en las que necesitas mejorar y duplicar tu productividad.

El método de "no romper la cadena"

Éste es un método fiable para no romper la consistencia y hacer uso de todos los días del año; es para los personajes más difíciles, que quieren hacer un gran cambio en su vida y asumir una identidad completamente nueva que los remodela y los prepara para el futuro. El método fue popularizado por el comediante Jerry Seinfeld, uno de los hombres más importantes de la comedia y la televisión. El Sr. Seinfeld luchó con consistencia mientras su trabajo le ordenaba que actuara frente a la audiencia semanalmente, e inventó un truco que le ayudó a ser productivo todos los días del año.

Cómo funciona: toma un calendario anual, y marca los días que has trabajado con una X gigante. Pronto te darás cuenta de que si te tomas los fines de semana libres, casi una cuarta parte de los días de cada mes quedarán sin marcar. Comienza a marcar los que hayas pasado trabajando y solo marca con una "X" los que sí has completado con éxito todas las tareas del día. De esta manera, te sentirás inclinado a aumentar tu productividad en los días libres y a prepararte para la consistencia mes a mes. Este método es la elevación final de la productividad, porque está diseñado para personas que quieren hacer que cada día cuente y están listas para sumergirse completamente. Si te estás esforzando activamente y la productividad se convierte en una rutina, puedes utilizar este método para implementar una cadena de productividad que te dará lo que deseas: un salario más alto, mejor salud y condición física, más éxito en los negocios, relaciones saludables, etc.

Cuatro claves respaldadas por la ciencia para aumentar la productividad

Los estudios universitarios y los centros de investigación han llevado a cabo estudios que relacionan ciertas actividades con la productividad. Hacer ejercicio, dormir mejor y caminar se relacionan con un aumento significativo de la productividad y lo mismo puede afectar la fuerza de voluntad en proporciones significativas.

¿Recuerdas el dicho "lo que comes es lo que eres? En esencia, lo que consumimos y cómo tratamos nuestro cuerpo se refleja en nuestro desempeño mental. Si proporcionamos a nuestro cuerpo los nutrientes adecuados y el ejercicio físico que necesita, nos dará claridad mental y un mayor rendimiento en el trabajo. Para iniciar un proceso que cambie tu vida, debes comenzar por optimizar tu salud y luego aplicar los numerosos hábitos de productividad que existen. Los siguientes estudios científicos demuestran que algunas actividades están relacionadas con el aumento de la productividad:

1. El ejercicio mejora la productividad

El estudio más grande que correlacionó el ejercicio con la productividad se llevó a cabo en la Universidad de Bristol en el Reino Unido. La universidad tomó 200 empleados y les asignó días con y sin ejercicio. Observaron el comportamiento de cada individuo en ambos días y analizaron cómo fue su desempeño. Después de analizar a los participantes, se calcularon sus resultados, y el resultado fue:

- 21% de aumento de la concentración.
- 22% de aumento en los trabajos terminados a tiempo.
- 25% más de capacidad para trabajar sin descansos.
- 41% de aumento de la motivación para trabajar.

¿Por qué el ejercicio está ligado a la productividad? El acto de hacer ejercicio no es una píldora mágica, sino que la mente refleja la condición del cuerpo. Evolucionamos para vivir en la naturaleza, y en la prehistoria, la mayoría estaba en forma porque teníamos que buscar comida y pasábamos los días al aire libre. Si estamos en forma, dormimos menos, nos concentramos más y nos sentimos más motivados. Si no estamos en forma, experimentamos constantes cambios de humor, falta de motivación/enfoque e incapacidad para ser constantes en el trabajo.

Ésta es la razón por la que mejorar tu condición física puede tener un impacto dramático en tu rendimiento en el trabajo. Este estudio determinó que el ejercicio en sí mismo aumenta la productividad casi un 25%. Si se tiene en cuenta que el estudio se llevó a cabo con personas con poca o ninguna experiencia previa en el ejercicio, es certero decir que las personas que hacen del ejercicio físico un hábito diario podrán realizar tareas mentales con un 50-100% más de capacidad que las personas que no hacen ejercicio en absoluto.

La Universidad de Stanford llevó a cabo un estudio que demostró el beneficio de caminar para la generación de ideas. Dos profesores de investigación analizaron a personas que estaban sentadas y a otras que caminaban y los efectos sobre la productividad y la generación de ideas. El estudio descubrió que las personas que caminan diariamente experimentan un aumento del 60% en respuestas únicas a los estímulos y generan más ideas originales.

2. El sueño mejora la productividad

Si te privas del sueño, es probable que te desempeñes peor en el trabajo y experimentes una baja capacidad de atención, en comparación con las personas que duermen una noche completa. La cantidad mínima de sueño es de 8 horas por noche; es lo óptimo, ya que nos permite recargarnos. El sueño aumenta el rendimiento, el estado de alerta y repone nuestra energía. Hubo dos estudios notables que demuestran que el sueño puede aumentar la productividad.

El estudio más grande del American College of Occupational and Environmental Medicine determinó que los empleados de la universidad que sufrían de insomnio tardaban tres veces más en completar tareas, en comparación con los empleados que dormían toda la noche. Se descubrió que los empleados que sufrían de falta de sueño estaban menos motivados para realizar tareas, experimentaban una grave falta de concentración y tenían problemas para recordar cosas. El sueño está ligado a todo el rendimiento mental: resistencia, concentración y consistencia. Si no dormimos lo suficiente, estamos disminuyendo nuestras capacidades de rendimiento por un margen significativo.

Varn Bexter y Steve Kroll Smith realizaron un estudio científico en un ambiente corporativo que analizó el efecto de dormir siestas. Los empleados que dormían siestas poderosas en el trabajo estaban más atentos a sus tareas y experimentaban aumentos en la productividad. Los empleadores están animando a sus trabajadores a tomar siestas en el trabajo para aumentar su rendimiento.

3. La música aumenta la productividad

La música está ligada a un creciente estímulo positivo en el cerebro y a la generación de ideas. Un estudio realizado en la Universidad de Miami determinó que las personas que escuchan música en el trabajo tienden a generar resultados más rápidos, mejores ideas y tienen un estado de ánimo positivo en comparación con las personas que no lo hacen. La música apropiada puede variar, ya que ciertas canciones pueden distraer, y si usas la música para aumentar tu productividad debes tener cuidado al elegir un disco que mejore tu estado de ánimo sin distraerte del trabajo en cuestión.

4. Las oficinas ecológicas aumentan la productividad

Recientemente, un estudio de la Universidad de Exeter en Inglaterra analizó el impacto que tienen las plantas sobre los empleados en el espacio de trabajo. El estudio se dividió en dos grupos: uno trabajaba en oficinas sin plantas y el otro en oficinas con plantas. El estudio determinó que las personas que trabajan rodeadas de plantas experimentan un aumento del 15% en la productividad y reducen los niveles de estrés. Los seres humanos evolucionaron para vivir en los bosques a medida que los árboles nos proporcionaban sombra natural. No es de extrañar que la mayoría de nosotros nos sintamos en paz cuando estamos rodeados de plantas.

Capítulo 5 - Planificación para el éxito diario

Seis rutinas matutinas para comenzar el día de la mejor manera

¿Sientes altibajos en tu productividad? Un día te despiertas productivo y listo para trabajar, y otro día te sientes lento y sin ganas de trabajar. ¿Alguna vez te has preguntado por qué la mañana es la parte más difícil del día para trabajar? La mañana marca la pauta de la productividad: si comienzas siendo productivo temprano en la mañana, es probable que mantengas tu productividad durante todo el día. Si empiezas sintiéndote perezoso, lo más probable es que no hagas nada en todo el día.

Las mañanas son perjudiciales para el éxito, porque las primeras 3 horas de la mañana es cuando la energía mental alcanza su punto máximo. Las primeras 2-3 horas al despertar es cuando experimentamos la máxima claridad mental. Es por eso por lo que debes establecer la modalidad del tu día en las primeras ¡3 horas! Si pierdes este corto período de tiempo, sentirás que la energía mental decae a lo largo del día y tu productividad será nula. Las mañanas marcan la pauta de lo que hacemos durante el día, mientras que las tardes solo nos preparan para el día siguiente, lo que nos lleva a la pregunta: ¿cómo sentirse motivado por la mañana constantemente? La solución es crear hábitos matutinos que aumentan la productividad. Los siguientes hábitos pueden duplicar tu productividad y pueden implementarse inmediatamente al despertar.

1. Despertar a las 5 AM

Despertarse temprano es un ritual que duplicará o triplicará tu productividad. El tiempo que pierdes cuando te despiertas tarde, o incluso a horas normales, pueden ser asignadas para hacer la tarea más difícil, que te liberará de estrés por el resto del día, y podrás "recablear" tu cerebro para la productividad del resto de la mañana. La mayoría de la gente se despierta a las 8 o a las 9 AM; algunas personas incluso se despiertan a las 10 AM o más tarde. Para tener éxito, debes despertarte por lo menos 2-3 horas antes que los demás. Pon tu despertador a las 5 AM o incluso a las 4 AM y empieza a trabajar temprano en la madrugada. Una rutina así te dará de 2 a 3 horas de ventaja para realizar la tarea más importante del día.

Recuerda que la mente tiene su mayor claridad dentro de las primeras 3 horas de la mañana. Si usas esas horas antes de las de trabajo reales, puedes hacer la tarea más difícil del día antes de todos despierten. Esto te da una ventaja sobre todos los demás, porque está utilizando el exceso de horas para aumentar tu productividad y puedes asignarlas a la aptitud física u otros ejercicios mentales como la meditación. Si estás acostumbrado a despertarte tarde, esta tarea será desmotivante, pero el cuerpo se ajustará al nuevo hábito en tan solo 1 o 2 semanas. Despertarse temprano no funcionará a menos que te vayas a la cama temprano, así que adelanta la hora de acostarte. Si te acuestas a medianoche y te despiertas a las 7 de la mañana, acuéstate a las 10 de la noche y despiértate a las 5 de la mañana. De esta manera, descansarás toda la noche y podrás empezar a trabajar en las primeras horas de la mañana.

2. Bebe una botella de agua

El agua aumenta la energía en mayor medida que el café. La mayoría de la gente no se da cuenta de los efectos que tiene el agua en los niveles de energía. A todos nos dicen que la hidratación nos mantiene sanos, pero nunca prestamos atención al aumento de la energía que produce. Nuestros cuerpos fueron diseñados para consumir agua, y es por eso por lo que podemos pasar hasta 40 días sin comer si bebemos agua. ¿Pero sin agua? Solo durarías una semana.

El agua es la sustancia más esencial para los órganos internos, y puede aumentar los niveles de energía de una persona por un margen del 100%. Si te despiertas sintiendo poca energía y optas por el café, acompáñalo con una botella de agua. El cuerpo es muy lento por la mañana porque se está despertando, pero cuando le das agua, ésta se asigna rápidamente a las partes más necesarias: el torrente sanguíneo, la piel, el cerebro, los músculos.

El agua acelera el flujo sanguíneo, lo que da una sensación de energía. Mantenerse hidratado por la mañana también le da a la piel un aspecto fresco en lugar de uno seco. Incluso se ha comprobado que el agua aumenta el deseo sexual en la mañana al aumentar el flujo sanguíneo a nuestros órganos reproductivos. El cuerpo se adapta a tu consumo individual de agua: si solo hoy bebes una botella grande por la mañana, probablemente tendrás que ir al baño varias veces ese día. Sin embargo, una vez que el cuerpo se acostumbra a consumir 3 o 4 botellas grandes al día, no tendrás casi inclinación a eliminarla. El consumo de agua es un hábito que vigoriza la piel, le da energía y proporciona a los órganos internos la nutrición que necesitan.

3. Limita el tiempo de los correos electrónicos

Admítelo: lo primero que hiciste al despertarte es revisar tu teléfono para ver si había notificaciones y correos electrónicos. Si trabajas en los Estados Unidos, es probable que tu bandeja de entrada esté llena todos los días. Si pierdes un día de revisar los correos electrónicos, es posible que te retrases en tu agenda, lo que te vuelve paranoico por revisarlo varias veces al día. Los correos electrónicos son asesinos de la productividad, porque nos distraen de nuestra tarea principal de la mañana. Los correos electrónicos de la mañana nos hacen pensar que tenemos 20 tareas diferentes que realizar, pero en el fondo sabemos qué tarea del día es la más importante que nos hará avanzar. Ésta es la razón por la que debes limitar el tiempo que pasas mirando tus correos electrónicos, y solo revisar la bandeja de entrada una vez para luego ir a trabajar inmediatamente.

Si dedicas más tiempo a tus correos electrónicos, te concentrarás en las tareas que se supone que debes hacer en el futuro, lo que te distraerá aún más de tus objetivos diarios. Échales un vistazo por la mañana para asegurarte de que no hay nada urgente. Si las cosas parecen normales, no lo mires hasta la última hora del día, y concéntrate en el trabajo.

4. No desayunar

Contrariamente a la creencia popular, el desayuno no es la comida más importante del día. De hecho, el desayuno es el mayor asesino de la productividad para la mayoría de las personas. Reemplaza tu desayuno con una taza de café o una botella de agua para permitir que tu cuerpo "active" los órganos internos proporcionándoles la hidratación esencial. De esta manera, el cuerpo puede activarse internamente y eliminar los desechos que se acumularon el día anterior por el consumo de alimentos.

Si comienzas el día ingiriendo alimentos, cargarás tu cuerpo con cosas que no necesita y disminuirás tus niveles de energía, porque optaste por la comida en lugar del agua.

Casi todas las opciones de desayuno en el mundo moderno contienen carbohidratos altos: pan, panqueques, cereales, bagels y otras variaciones de los desayunos pesados. Esto te llena temporalmente, pero luego tu energía cae al mediodía. Si quieres matar tu energía a propósito, elige tomar un desayuno pesado. A media tarde, comenzarás a "sentir sueño" y querrás tomar una siesta a mitad del día laboral.

Consejo profesional: cuando te apetezca dormir al mediodía, ésa será tu nutrición para el trabajo. El desayuno que consumiste está matando lentamente tu energía interna y reduciendo a la mitad tus niveles de azúcar; es por eso por lo que tienes sueño.

Para evitar una fuerte disminución de energía, evita el desayuno y reemplázalo por una botella grande de agua y una taza de café, lo que te dará la misma energía que desayunar, pero tus niveles de energía no bajarán al mediodía. Tampoco sentirás esa sensación de "panza gorda", pero vaciarás el estómago y lo prepararás para el almuerzo, cuando ya podrás consumir alimentos con alto contenido de nutrientes. Si es absolutamente necesario desayunar, toma un desayuno ligero como un plátano, una manzana o unos huevos. Evita todas las formas de pastelería y alimentos azucarados, ya que son los que más energía matan.

5. Haz la tarea más grande en las primeras 3 horas

Cuando te despiertes, sabrás qué tarea requerirá de más energía y esfuerzo; ésa es tu tarea principal del día. Éste es el consejo de productividad más importante para las personas que tienen dificultades para hacer las cosas: haz esa tarea primero, y todo lo demás parecerá liviano. Comienza a trabajar en tu tarea principal en el momento en que te despiertes. De esta manera, tu cerebro obtendrá la prueba que necesita de que la tarea más difícil ya está bajo control, y la llevarás a cabo en unas pocas horas. Trata de completar la tarea en 2-3 horas, porque esas horas son las más prolíficas de la mañana. La primera hora al despertar es la más propicia para centrarse, porque el cerebro tiene una claridad mental máxima, la cual disminuye progresivamente a lo largo del día. Comienza haciendo la tarea más difícil del día.

La mayoría de las personas comienzan haciendo tareas ligeras que no requieren mucho esfuerzo. Es un gran error, porque hacen un trabajo descuidado en las primeras tareas y luego, una vez que reúnen el valor para hacer la gran tarea, ya se han quedado sin energía mental. La manera correcta de mantenerse al tanto de tu productividad es despertarse e inmediatamente tratar el trabajo como si fuera la guerra: comenzar con el proyecto más difícil y, una vez que lo hayas terminado, concentrarse en los proyectos más pequeños y menos importantes.

6. Pon un reloj frente a ti

Si tienes problemas para empezar un proyecto y te toma mucho tiempo, pon un reloj en tu escritorio. Coloca un reloj en la parte inferior derecha del escritorio de tu computadora, un reloj en el teléfono o uno físico; cualquiera es suficiente. Si te recuerdas el tiempo con frecuencia, te darás cuenta de lo rápido que pasa, lo que te inyectará un "sentido de la urgencia" que te impulsará a hacer las cosas más rápido. Colocar un reloj frente a ti también te permitirá medir cuánto tiempo tardarás en completar las tareas. De esta manera, puedes optimizar tu trabajo para completar las tareas más rápidamente.

Ejemplo: si trabajas en un centro de llamadas y llamas a los clientes para hablar por teléfono, es posible que te encuentres con que solo llamas a 5 personas por hora. Si tienes un reloj cerca de ti, esto te tentará a llamar a más y terminarás haciendo más llamadas y cerrando más ventas. Cuanto más consciente del tiempo eres, más te das cuenta de cómo pasa. Desarrollar un sentido de urgencia te dará la influencia que necesitas para ser menos vacilante y tomar más medidas en el trabajo.

Cuatro rutinas nocturnas para terminar el día a la perfección

Has tenido un día exitoso, has completado todas tus grandes tareas, cerrado nuevos tratos, viajado de ida y vuelta al trabajo. ¿Qué harás por la noche? La noche es un momento para relajarse y prepararse para el día siguiente, para que sea todo un éxito. Es crítica para las rutinas que estableces y para la formación de nuevos hábitos. Este momento del día no tiene por qué ser un momento de relajación. En lugar de acostarte en la cama y ver la televisión, puedes utilizar esas horas para hacer ejercicio, lo que mejorará tu estado físico, y que, en última instancia, mejorará tus niveles de energía del día y te hace más productivo.

Las horas nocturnas son ideales para remodelar tu cuerpo y tu mente, porque estás casi sin energía, y la poca energía que te queda puede ser asignada a actividades que tengan un impacto en tu forma física y mental. ¿Cuáles son las mejores rutinas nocturnas? ¿Debería meditar, ir al gimnasio, hacer yoga, prepararme para el trabajo del día siguiente, o hacer todo eso a la vez? La respuesta es que depende de tu situación. Si te falta actividad física, asigna todas tus horas nocturnas a actividades relacionadas con el ejercicio físico. Si te falta productividad, asigna tus horas nocturnas a aumentarla. Las siguientes son las mejores rutinas nocturnas que te ayudarán a completar tu día y a prepararte para otro día productivo.

1. Establece una rutina de ejercicio

El ejercicio es para las noches, no para las mañanas. Si crees que obtienes energía del ejercicio, pregúntate a ti mismo: ¿he hecho realmente ejercicio si me siento MÁS enérgico después de él? La gimnasia consiste en agotarnos, liberar el exceso de energía corriendo, levantando pesas y haciendo ejercicios que nos lleven a los límites. El ejercicio estimula las endorfinas, el flujo sanguíneo y hace que nos veamos muy bien. Si solo hace ejercicio durante 30 días y nunca lo has hecho antes, existe la posibilidad de que te veas muy diferente. Tu mandíbula se volverá más afinada y definida, comenzarás a perder grasa y sentirás una gran energía a lo largo del día.

Si haces ejercicio por las mañanas, solo matarás tu energía, porque es la que usas para la productividad, que disminuirá a medida haces ejercicio matutino. Sin embargo, si haces ejercicio por la noche, experimentarás lo siguiente: 1) podrás sacar "todo" porque no tienes que ahorrar energía; 2) te cansarás y te dormirás más fácilmente. Si luchas por quedarte dormido, establecer una rutina de ejercicios nocturna te cansará y te hará dormir como un bebé. Si tienes mucha energía durante todo el día, es lógico que termines el día drenándote de esa energía a través del ejercicio. El momento ideal para hacer ejercicio es 1-2 horas antes de acostarse. Si tu hora de acostarte es a las 10 PM, haz ejercicio a las 8-9 PM. De esta manera, tendrás suficiente tiempo para realizarlo, ducharte y prepararte para ir a la cama.

Los mejores ejercicios nocturnos para ti son los que se adapten a tus habilidades y objetivos actuales. Si deseas perder peso rápidamente, debes optar por el HIIT, un tipo de entrenamiento a intervalos de alta intensidad. Es un método de correr al 90-100% de su capacidad lo más rápido posible. La rutina de entrenamiento promedio consiste en 10-20 de estas carreras, con pequeñas pausas entre ellas hasta que te quedes sin energía.

Si eliges un entrenamiento menos intenso, debes tratar de comenzar a trotar a larga distancia. Comienza haciendo trotes cortos de 10 minutos y luego aumenta progresivamente la distancia cada semana. Si sientes que estás a punto de desmayarte y estás perdiendo energía, detente. No te presiones demasiado en los primeros ejercicios, solo por la motivación que sientes. Tómate tu tiempo para aumentar progresivamente los ejercicios.

Si deseas aumentar de peso, debes considerar la posibilidad de obtener una membresía en un gimnasio para tener acceso al equipo pesado. El gimnasio promedio está repleto de miles de dólares en tecnología que es inaccesible para los propietarios de gimnasios domésticos. Cuanto más en forma estés, mayor será tu nivel de energía en la oficina. Esto, a su vez, se reflejará en tu productividad, porque podrás concentrarte durante más horas, la calidad de tu producción aumentará y te cansarás menos. La buena forma física también nos hace menos sensibles a las inclemencias del tiempo; si tienes frío en los meses de invierno, lo sentirás menos cuando estés en forma. Lo contrario se aplica a los climas calurosos; las personas en forma no suelen sentir calor extremo.

Consejo profesional: deja de depender de las aplicaciones de fitness para seguir tu progreso. Si confías en la tecnología, perderás contacto con la naturaleza de tu cuerpo: pensarás en términos de km, horas y calorías. ¡Olvídate de eso! Comienza a hacer ejercicio y empuja tú mismo sin tecnología, y eventualmente te familiarizarás con tus habilidades físicas. Instintivamente, sabrás cuánto puedes correr y empujarte progresivamente.

2. Medita 20 minutos

¿Te sientes incapaz de concentrarte porque todo te distrae, e incluso cuando empiezas una tarea, no puedes mantener tu atención por mucho tiempo? La solución es ¡salir de tu cabeza! Estamos naturalmente consumidos por nuestros pensamientos y esto nos distrae, porque mientras se supone que estamos trabajando, soñamos despiertos con eventos que no tienen correlación con el trabajo. ¿Cómo salimos de nuestra propia cabeza? La única manera de ser eficaz es estar presente. Si no tienes pensamientos y te sumerges en el momento presente, puedes ser más productivo, más comprometido con tu trabajo y producir resultados de mayor calidad. La práctica que enseña el arte de la presencia es la meditación. Cualquiera puede empezar a meditar en casa gratis.

Consejo: solo necesitas asignar 15-20 minutos por la noche para practicar la meditación. No tienes que meditar como un monje budista 12 horas al día para tener éxito.

El arte de la meditación puede resumirse en "no pensar". Estar aquí es sumergirse en el momento presente. Imagínate jugando al baloncesto: te concentras en tirar los aros, disfrutas pasando la pelota, te anticipas a que otros jugadores te pasen la pelota, estás completamente inmerso en el juego. Esto es lo que se conoce como "estar presente".

¿Te sientes en el momento cuando sales un viernes por la noche, bebes con tus amigos y la conversación fluye? Esto también es estar presente. Las personas consumen alcohol porque les permite salir de su cabeza y estar presentes. Sin embargo, la práctica puede ser replicada naturalmente al aprender a salirte de tu propio camino. Es más fácil de lo que piensas: empieza por sentarte en el suelo de tu habitación, preferiblemente en un lugar donde no te distraigas con ruidos y personas. Luego, participa en tu primera sesión de meditación.

Cómo funciona: pon un cronómetro de 15 o 20 minutos, dependiendo de cuánto tiempo creas que vas a durar con los ojos cerrados. Junta las manos y cierra los ojos. Ahora concéntrate en tu respiración y deja de pensar; ni siquiera pienses en no pensar, solo enfoca tu atención en la respiración. Eventualmente, comenzarás a sentir un efecto de relajación profunda. Esto generalmente sucede una vez que estás por lo menos 5 minutos en la sesión. Eventualmente estarás completamente inmerso en el momento presente, y entonces el reloj sonará. Abrirás los ojos lentamente, el mundo parecerá surrealista y lento. Así es como sabes que has logrado una sesión de meditación completamente presente. Una vez que hayas practicado la meditación consistentemente durante un mes, evocarás naturalmente tu sentimiento presente y te sentirás más seguro, porque estarás menos atascado en tu cabeza. También hay lugares de meditación conjunta y donde se puede practicar la meditación con otras personas.

3. Date una ducha fría

Las duchas frías son extremas, pero son para las personas que quieren sacar el máximo partido a su resistencia y ponerse en contacto con su naturaleza. Las duchas frías pueden hacerte más fuerte, ponerte en contacto con tu naturaleza primaria, aumentar tu resistencia y experimentar beneficios para la salud. Piensa en los viejos tiempos: la humanidad ha evolucionado durante millones de años y solo hemos tenido lluvias calientes durante los últimos cien. Sin embargo, pensamos que las duchas calientes son las predeterminadas y las frías las "extremas". La ducha fría es la forma en que nos duchamos durante la mayor parte de la historia, y es la razón por la que la práctica conlleva numerosos beneficios.

Los principales beneficios son una descarga de dopamina, la estimulación de la quema de grasa y un aumento del flujo sanguíneo. Sin embargo, en la práctica, las duchas frías tienen ciertos beneficios "invisibles" que se manifiestan a largo plazo. Dan una descarga eléctrica a su sistema nervioso y le suministran una "llamada de atención" similar a la del café por la mañana. El choque inicial hace que el sistema nervioso anhele menos sustancias radicales y puede ayudarte a dejar de fumar cigarrillos o consumir drogas. Las duchas frías reemplazan completamente la necesidad que el cuerpo tiene de estimulación externa.

Otro beneficio importante de las duchas frías es que no sientes frío en invierno, ya que te hacen resistente al frío, y casi no sientes nada cuando sales a la calle en invierno. Ciertas comunidades en Rusia practican el salto en hielo porque el frío golpea el sistema nervioso hasta el punto de sentirse inmunes al frío en la vida diaria.

Darte una ducha fría debe hacerse progresivamente. No puedes meterte en el agua fría y helada sin primero marcarte un ritmo. Tampoco debe llamar a una ducha "fría" si te duchas con agua caliente y solo abres el agua fría los últimos 5 o 10 segundos del final. Una ducha fría tiene que durar al menos de 3 a 5 minutos para ser útil. Comienza mojando tus piernas y sintiendo lentamente el agua que golpea la piel. Sentirás escalofríos en todo el cuerpo porque estás experimentando el agua fría. Luego esparce un poco de agua en las partes superiores de su cuerpo y acostúmbrate a la temperatura. Después de que te hayas aclimatado durante uno o dos minutos, date una ducha completa. Será muy chocante, pero si resistes, eventualmente te acostumbrarás.

Consejo: imagina una ducha fría como entrar a un lago. Un lago tiene agua más fría que un océano, pero una vez que estás dentro por 2-3 minutos, el frío disminuye. Lo mismo aplica a las duchas frías. Camina despacio e imagina que estás en un lago. Eventualmente, aprenderás a manejar las bajas temperaturas.

4. Lee un capítulo de un libro (sin conexión a Internet)

Ve a tu librería favorita y compra un libro que te ayude en la vida real. Puede ser un libro relacionado con el ejercicio físico, los negocios, tu profesión, o cualquier cosa sobre crecimiento personal. Consigue la versión rústica y sal de Internet. De esta manera, podrás comprometerte completamente con el libro. Si no es demasiado grande, trata de leer un capítulo por día. Al consumir la información correcta, mejorarás tu vida y añadirás una sensación de "realización" una vez que hayas leído un capítulo completo cada noche. Esto también te ayudará a quedarte dormido de forma natural, si tienes dificultades para descansar. Es mejor leer las ediciones en papel, porque la mayoría de las *tablets* y computadora tienen luz que irradia en los ojos, lo que es perjudicial, especialmente al leer con las luces apagadas.

Consume estos 3 alimentos para tener un cerebro productivo

¿Sientes la cabeza nublada y somnolienta después de desayunar? ¿Te sientes cansado por la tarde y quieres desmayarse en la silla de la oficina? ¿Te resulta difícil levantarte de la cama, trabajar muchas horas, hacer ejercicio o hacer algo difícil? Esto no se debe a la falta de motivación, sino a que el cerebro reacciona a la nutrición.

El cerebro consume el 20% de toda la nutrición (calorías) que entra en el cuerpo, lo que significa que la calidad de los alimentos se refleja directamente en la calidad de su funcionamiento. Si alguna vez te has preguntado por qué los alimentos "orgánicos" son más caros que los producidos en masa , la diferencia se debe a la calidad de los nutrientes.

La nutrición no se trata de cuán brillantes son tus abdominales 6-*pack*: se trata de la claridad de tu estado mental, la consistencia de tu enfoque y la productividad que deja al final de cada día. Todos ellos están controlados por una sola cosa: tu ingesta de alimentos. Si a tu cuerpo le das los alimentos correctos, tu cerebro se registrará y funcionará a un nivel más alto. Te permitirá trabajar más duro, te proporcionará un enfoque más largo y te permitirá realizar las tareas que te resulten difíciles.

Si consumes los alimentos adecuados, podrás desempeñarte a niveles sobrehumanos. Trabajarás en turnos de 10 horas fácilmente, correrás más kilómetros sin agotarte, pensarás con claridad y te sentirás más seguro. La gente afirma que su "neblina cerebral" desaparece una vez que empiezan a consumir los alimentos adecuados. Hay muchos alimentos que afectan positivamente al cerebro, pero los que se enumeran a continuación son los que marcan la mayor diferencia. Si deseas aumentar inmediatamente tu rendimiento para sentir una mayor energía y un enfoque duradero, concéntrate en los alimentos que se indican a continuación.

1) Verdes: brócoli, espinaca y col rizada.

Los tres reyes del verde (brócoli, espinaca y col rizada) son los alimentos más esenciales para notar una diferencia en el rendimiento del cerebro. Si tienes que comer solo 3 alimentos por el resto de tu vida, elige las 3 mejores verduras: brócoli, espinacas y col rizada. Por sí solos, estos alimentos son mejores que casi todos los demás para eliminar la confusión cerebral y establecer la claridad mental. El brócoli es, posiblemente, el más rico en nutrientes del mundo; contiene todos los ácidos grasos Omega-3 que construyen y reparan las células cerebrales en una fracción de milisegundo, e incluso tiene propiedades antienvejecimiento y de pérdida de peso. Los efectos del brócoli en el cerebro se pueden sentir ¡inmediatamente! Una vez que consumas una cabeza de brócoli, sentirás como si un caballo te hubiera dado una patada en la cabeza. Los efectos son tan poderosos y despejan tu cerebro como ningún otro alimento.

Consejo profesional: tómate 2 días para experimentar los efectos de los alimentos en tu cerebro. El primer día consume la comida más grasienta que puedas encontrar: hamburguesas, pizza, pasta. El segundo día come brócoli y espinacas mezclados. Observa los efectos sobre tu cerebro y niveles de energía 2 horas después de consumir cada uno. Notarás una mejora significativa en la claridad mental frente a una sensación de somnolencia de baja energía que dan los alimentos grasientos. Es por eso por lo que los alimentos como el brócoli cuestan más: son de mayor calidad.

Lo siguiente sucede cuando se consumen verduras: empiezas a despertar, tu cerebro empieza a obtener energía y consigues la máxima claridad cerebral. Éste es el efecto que los altos nutrientes hacen en el cerebro y cuando le proporcionan energía. Los atletas consumen alimentos verdes porque aumentan la fuerza y la resistencia en el campo. Como resultado, puedes correr más tiempo y levantar pesas más pesadas si tu estado mental es claro. El brócoli, las espinacas y la col rizada tienen efectos casi idénticos y todos estos son alimentos de primera calidad y caros. Lo ideal es que consumas alimentos verdes al menos una vez al día. Aprende a apreciar los sabores sutiles y pequeños de los verdes si actualmente tienes problemas con su sabor. Si no puedes encontrarlos naturales, la mayoría de los supermercados tienen opciones congelados. Puedes cocinarlos de un millón de maneras diferentes y mezclarlos con sabrosas especias.

2. Frutos secos y semillas

Los frutos secos son los alimentos más nutritivos para el cerebro, después de las verduras. Están cargados de ingredientes positivos que mejoran nuestras funciones cognitivas. Los más notables en la categoría frutos secos son los anacardos y las almendras, que proporcionan el mayor estímulo al cerebro y son el bocadillo perfecto para elevar la energía y mantenernos alertas y concentrados. Los frutos secos no se pueden consumir como plato principal, pero son muy efectivos como complemento de las comidas principales. Los anacardos y las almendras proporcionan la mayor densidad de grasas y proteínas que sirven de base para el músculo cerebral.

Para fortalecer los músculos del cerebro, debes consumir frutos secos con regularidad. Los anacardos y las almendras también están llenos de ácidos omega-3 y antioxidantes que mejoran la claridad mental. Los estudios científicos relacionan los anacardos con la mejora de la función cognitiva con la edad avanzada y descubrieron que pueden compensar las enfermedades de la vejez, como el Alzheimer, que están relacionadas con la capacidad cognitiva. Pueden hacer maravillas en individuos jóvenes y sanos. Asegúrate de no pasarte de la raya con los frutos secos, porque son muy densas en calorías y pueden engordar si se consumen en cantidades abundantes. Un puñado de frutos secos por día es suficiente.

3. Pescado

El pescado y el aceite de pescado son esenciales para la capacidad cognitiva, porque contienen la mayor densidad de ácidos omega-3. Los omega-3 son bloques de reparación esenciales que el cerebro utiliza para formar las células cerebrales y aumentar el flujo sanguíneo en el área cerebral. Los peces tienen la mayor densidad de Omega-3, lo que los hace esenciales para la capacidad cognitiva y la productividad. El pescado graso es el protagonista en términos de pescado rico en omega-3, en particular el atún enlatado. ¿Alguna vez has abierto una lata de atún y pensaste que ese aceite era malo para ti? En realidad, es petróleo lo que tu cerebro anhela: está ligado a mejores habilidades cognitivas, aumento de la capacidad de pensamiento y claridad cerebral.

El salmón es también un alimento excepcional para el cerebro, aunque un poco más caro. Para mejorar las funciones cerebrales, haz que el pescado forme parte de su consumo semanal de alimentos. Es posible que desees dar un paso más y aprender a cocinar pescado en lugar de confiar en el atún enlatado. Compra pescado congelado en el supermercado, ponlo en una sartén con un poco de aceite y déjalo cocinar durante 30-40 minutos. Combínalo con limones o mézclalo con verduras y disfruta de un almuerzo óptimo para el cerebro.

BONO: 4. Café

El café merece una mención honorífica entre los mejores ingredientes cerebrales que estimulan la concentración, la productividad y mejoran nuestro estado de ánimo. ¿Esperas con ansias tu mañana solo por el café? El café es un sabor adquirido porque tiene un sabor amargo, pero una vez que una persona se acostumbra al sabor, aprende a apreciarlo y espera con ansias su sabor amargo. Te sientes "alerta" cuando tomas café, porque la cafeína tiene un ingrediente activo que bloquea los químicos del cerebro conocidos como "adenosinas".

Los químicos de la adenosina pueden ser liberados por la mañana y durante el día. Es por eso por lo que el café es imprescindible para mantenernos alerta y productivos. Una taza de café puede darte un impulso de energía que dure hasta el mediodía cuando te toca almorzar. Asegúrate de no –tomar demasiado: 2 tazas al día es suficiente. Toma una taza al despertar, y retrasa la segunda taza hasta terminar las tareas del día y te sientas listo para recompensarte.

Quince afirmaciones diarias para aprender la autodisciplina cerebral

Las afirmaciones son esencialmente conversaciones personales que tenemos con nuestra mente subconsciente para exigir la fuerza de voluntad que necesitamos para alcanzar nuestras metas. El cerebro reconoce que las afirmaciones cruzan la frontera entre "quiero hacer algo" y "haré algo", es decir, tomar medidas concretas. Las afirmaciones juegan un papel importante en nuestra transformación cuando nos fijamos metas altas, porque pueden afectar nuestro sistema de autoconfianza e incentivarnos a tomar acción. Las afirmaciones pueden aplicarse a todas las áreas de la vida. Son simples frases que te repites a ti mismo cuando te despiertas y cuando te vas a la cama.

La manera de establecerlas es considerar tus metas personales (no todos pueden decirse las mismas afirmaciones). Uno puede crear afirmaciones para perder peso, de negocios, relacionadas con la confianza en sí mismo. Para determinar un área donde necesitas afirmaciones, piensa en tu mayor problema en este momento. Pregúntate a ti mismo: ¿con qué estoy luchando?, ¿en qué podría mejorar? La respuesta a esas preguntas es en qué debes basar tus afirmaciones.

La regla #1 de las afirmaciones

La regla básica de las afirmaciones es que las deben ser positivas. Una afirmación no puede ser negativa, porque la mente subconsciente no reconoce afirmaciones negativas: solo reconoce afirmaciones positivas.

✘ **Afirmación negativa**: no voy a retrasar más mi entrenamiento.

✓ **Afirmación positiva**: empezaré a hacer ejercicio esta noche.

Las afirmaciones deben ser positivas y estar escritas en primera persona. Siempre debes usar "yo" cuando escribas una afirmación, porque hace que tu cerebro registre que te refieres a ti mismo, y reconfigura tu psicología para los nuevos hábitos. La cantidad ideal de afirmaciones por objetivo está entre 5 y 10. Escribe tus afirmaciones en una hoja de papel y léelas por la mañana y noche. Puedes proponer 5 afirmaciones por objetivo. Aquí hay algunos ejemplos de afirmaciones basadas en diferentes metas.

Ejemplo: 5 afirmaciones para la pérdida de peso:

1. Voy a mejorar mis hábitos alimenticios y comeré alimentos saludables.

2. Beberé 3 botellas de agua al día.

3. Haré ejercicio todas las noches.

4. Correré carreras todas las noches a las 9 PM.

5. Pagaré una membresía para ir al gimnasio.

Ejemplo: 5 afirmaciones para el trabajo:

1. Me levantaré a las 5 AM cada día.

2. Empezaré a trabajar inmediatamente.

3. Haré la tarea más difícil a primera hora de la mañana.

4. Me centraré completamente en mi trabajo.

5. Trabajaré todos los días sin tomarme días libres.

Ejemplo: 5 afirmaciones para tener citas.

1. Me pondré en forma para ser más atractiva.

2. Compraré mejor ropa para causar una mejor impresión.

3. Empezaré a salir todos los fines de semana.

4. Conoceré gente nueva y tendré citas.

5. Encontraré a mi pareja ideal.

Regla #2: Debe ser sobre el presente.

Las afirmaciones que escribes deben estar relacionadas con el momento presente. Debes enfocar tus afirmaciones en acciones diarias que puedes tomar tan pronto como mañana mismo. Si una afirmación está fuera de tu alcance ahora o en el futuro, deséchala. Enfócate solamente en las afirmaciones que relacionas con tus luchas actuales.

Pregúntate a ti mismo: ¿qué puedo hacer ahora? La respuesta: puedes levantarte temprano, comer mejor, hacer ejercicio, conocer gente nueva. ¿Qué no puedes hacer ahora? No puedes empezar un negocio de la noche a la mañana. Las afirmaciones existen para ayudarnos después de haber navegado a través de nuestras metas y sabernos el panorama general de hacia dónde nos dirigimos; las afirmaciones reconfiguran efectivamente nuestra mente con el fin de enfocarnos en metas inmediatamente alcanzables y nos "empujan" hacia la acción.

Conclusión

Este libro es tu llamado de atención. ¡Es la señal que estabas esperando!

Tienes las técnicas, ahora, ya es hora de ponerlas en práctica.

¡DEJA DE AGUANTAR!

Este libro echa luz sobre los mayores problemas de motivación diaria y autodisciplina. Para tener éxito, pon en práctica lo que más te haya gustado. Consume toda la información. Pruébala. Usa este libro como recordatorio cuando olvides los principios básicos para mantenerte en el buen camino y darte una patada en el trasero cuando empieces a resbalar.

¿Recuerdas todas esas veces que te decías a ti mismo: lo haré cuando esté listo? Ahora es el momento, ¡tu "un día" ha llegado! Tú sabes exactamente lo que necesitas hacer para lograr tus sueños. Si has retrasado tu propósito en la vida para una fecha desconocida, si has detenido tu energía y has esperado un mejor momento, recuerda que no hay mejor momento que el momento presente para comenzar.

Si te dejamos algo, es: ten fe en ti mismo.

Tendrás muchas caídas a lo largo del viaje. También experimentarás muchos beneficios y avances.

Descubre quién eres, descubre hacia dónde te diriges y actúa.

Todos los humanos tenemos defectos, pero las técnicas aquí expuestas nos ayudarán a vivir con nuestros defectos. Esperamos que hayas desarrollado una mejor comprensión de las misteriosas formas en que funciona la naturaleza humana y de cómo nuestra biología está programada para funcionar en contra de nuestros intereses. Esperamos que llegues a conocerte y que crezcas en autoconciencia a través de las pruebas y desafíos. Nuestra naturaleza evolutiva y nuestros objetivos en la sociedad moderna están en conflicto entre sí. Para que nuestra naturaleza evolutiva y la sociedad moderna funcionen, tenemos que aplicar un conjunto de técnicas que combinan los mejores lados de ambos.

Usa la resistencia como tu brújula.

La fricción que sentimos en nuestro camino es la resistencia: la fuerza más poderosa de la naturaleza. La resistencia preserva el *statu quo*: es un mecanismo que nos protege de entrar en lo desconocido. La resistencia impide que cambie el pensamiento sobre qué es lo mejor para nosotros. Para hacer algo diferente, tenemos que sacudir nuestro sistema e imponer resistencia. La resistencia sirve como una brújula para indicarnos las cosas que realmente deberíamos estar haciendo. Si no te sientes dispuesto a trabajar en tus metas, siente la resistencia en tu cuerpo. La resistencia te dice exactamente qué hacer. La resistencia indica que te estás preparando para algo grande, que hay algo a la vuelta de la esquina. Si te presionas, nacerá una persona completamente diferente. En el fondo, ya sabes lo que es.

No demores tus sueños: comienza ahora.

Este libro abarca los métodos y técnicas más importantes para ayudarte a desarrollar la autodisciplina diaria. Ahora es el momento de llevar todo lo que has aprendido a la acción.

Como última nota, recuerda este hecho: todos somos diferentes.

Tienes que crear tu propia motivación, tus propias técnicas, tus propias disciplinas. Tú eres tu propia persona con tus propias metas, tus propios sueños y tus propias circunstancias. No estás obligado a implementar todas las técnicas que te enseñamos, y no es importante hacerlas todas a la vez. Depende de ti averiguar qué es lo que te funciona y aplicar tus propios giros en las técnicas, basándote en tus propias experiencias individuales de funcionamiento y objetivos en la vida.

Empieza por hacer algo, lo que sea. Fíjate a dónde te lleva la vida. Tu viaje en la vida es diferente al viaje de 7 billones de otros humanos que habitan el planeta. Una vez que descubras lo que funciona para ti, empieza a hacer y apunta hacia las estrellas.

www.ingramcontent.com/pod-product-compliance
Lightning Source LLC
Chambersburg PA
CBHW031120080526
44587CB00011B/1043